企事业单位党建和思想政治工作学习读物

搞活宣传
送你6个锦囊

王传钧　编著

中国矿业大学出版社
·徐州·

内容提要

宣传是时代刚需，也是生产力；宣传工作做好了，经济社会发展动力、活力就会更加强劲。

本书以“送你6个锦囊”的独特章节形式，阐述搞活宣传工作的重要意义和方式方法，逐一破解“新闻如何逮？‘活鱼’怎么抓？”“新闻如何策划？稿子怎么写？”“改稿有何诀窍？组稿有啥门道？”“新闻如何提升‘颜值’？通讯怎样写更出彩？”“如何与媒体打交道？怎样在媒体多发稿？”“如何拓展宣传渠道？怎样应对负面报道？”等工作难点、卡点、堵点问题，非常实用。

本书适合企事业单位党建与思想政治工作人员、新闻传播类院校师生、热爱融媒体事业的人员阅读和参考。

图书在版编目(CIP)数据

搞活宣传　送你6个锦囊/王传钧编著. —徐州：中国矿业大学出版社，2023.12

ISBN 978-7-5646-6037-6

Ⅰ. ①搞… Ⅱ. ①王… Ⅲ. ①宣传工作—基本知识—中国 Ⅳ. ①D64

中国国家版本馆CIP数据核字(2023)第208766号

书　　名　搞活宣传　送你6个锦囊
编　　著　王传钧
责任编辑　齐　畅
出版发行　中国矿业大学出版社有限责任公司
（江苏省徐州市解放南路　邮编221008）
营销热线　(0516)83885370　83884103
出版服务　(0516)83995789　83884920
网　　址　http://www.cumtp.com　**E-mail**:cumtpvip@cumtp.com
印　　刷　徐州中矿大印发科技有限公司
开　　本　787 mm×1092 mm　1/16　**印张** 14.25　**字数** 256千字
版次印次　2023年12月第1版　2023年12月第1次印刷
定　　价　89.00元

前　言

2019年,中共中央印发《中国共产党宣传工作条例》,并发出通知。通知指出,宣传工作是党的一项极端重要的工作,是中国共产党领导人民不断夺取革命、建设、改革胜利的优良传统和政治优势。制定颁布该条例,体现了以习近平同志为核心的党中央对宣传工作的高度重视,标志着宣传工作科学化规范化制度化建设迈上新的台阶。

重视和加强宣传思想工作是中国共产党的一大优良传统、一大突出优势。我们党是在马克思主义与中国工人运动紧密结合中应运而生的,"从起根发芽时就是从宣传工作做起",党的第一份决议、第一个纲领、第一份中央局通告都对宣传工作作出规定、提出要求。党的主要领导人都高度重视宣传思想工作。习近平总书记亲自谋划、亲自指挥、亲自推动,指出宣传思想工作就是要巩固马克思主义在意识形态领域的指导地位,巩固全党全国人民团结奋斗的共同思想基础;自觉承担起举旗帜、聚民心、育新人、兴文化、展形象的使命任务。历史证明,宣传思想工作是中国共产党成功奠基立业、铸就苦难辉煌、从胜利走向胜利的重要法宝,必须发扬好这个优良传统、运用好这个突出优势。

从讲政治的高度来看,搞活宣传,非常必要。

为什么越来越多的企事业单位重视宣传工作?与广告相比,新闻宣传到底有什么独特的优势?实践告诉我们,新闻宣传具有以下五大优势。

第一,新闻具有及时传播的特性。一个企事业单位发生了具有对外宣传价值的重大事件,就必须在第一时间把信息传播出去,否则就失去了新闻价值。此时,只有启动新闻宣传才能实现这个目的。如TCL收购汤姆逊彩电业务、联想收购IBM的PC业务,这些重大企业事件都是通过新闻抢先发布出去的。

第二,新闻具有完整阐释的功能。广告本身所具有的属性,决定了它不可能采取说理或陈述的方式来表现。但是,新闻可以用文字把一件事说得明明白白。因此,新闻报道可以把企事业单位要传达的目标信息传播得更准确、详尽。

第三，新闻宣传具备危机公关的职能。为什么许多企事业单位发生危机事件后，第一时间启动新闻宣传？因为新闻宣传具有危机公关的职能而广告不具备。

第四，新闻宣传具有高性价比优势。为什么一些品牌很少投放广告而喜欢制造新闻？因为和广告相比，新闻宣传具有高性价比的优势。一般来说，同样的版面，企事业新闻宣传的成本只有广告的五分之一甚至更低。因此，对于那些广告预算紧张的企事业单位，新闻宣传当然是非常划算的。

第五，好新闻具有二次传播的特性。所谓"二次传播"，就是一家媒体将新闻首先发布出来之后，别的媒体纷纷转载。这样的事情屡见不鲜。但是，我们绝对看不到这样的情况：一则广告因为设计得好而被别的媒体转载。帮你做免费的广告，没有媒体会干这样的傻事。

从拼优势的角度来看，搞活宣传，非常必要。这五大优势决定了宣传在市场推广（知名度）和诚信品牌（美誉度）塑造方面具有不可替代的价值。

搞活宣传是利国、利民、利企的大好事。从一定意义上讲，宣传工作，就是要让更多的人知道、了解、理解、支持的工作，是最广泛的群众工作、最广泛的网上工作、最应该做活的工作，不仅要"宣"，而且要"传"。让广大企事业单位党建与思想政治工作人员了解宣传、认识到搞活宣传的重大意义，正是作者撰写本书的目的。

作　者

2023年1月

目　录

第一个锦囊：

新闻如何“逮”？“活鱼”怎么抓？

第一节　必须练就一双“慧眼”

一个民族的复兴,需要强大的物质力量,也需要强大的精神力量。

党的十八大以来,以习近平同志为核心的党中央总揽全局,把宣传思想文化工作摆在重要位置,指引宣传思想文化事业在举旗定向、正本清源中取得历史性成就、发生历史性变革,在守正创新、开拓进取中展现新气象、迈向新征程。

搞活宣传,归根结底必须靠人、靠稿件来推动。这里的人具体是指媒体记者、编辑和企事业单位党建与思想政治工作人员,稿件主要包括文字稿、图片稿、广播稿和视频稿等。

很多人会写稿,但经常会因为自己发现不了新闻或没能及时捕捉到新闻线索而苦恼,甚至认为自己不是搞宣传的“那块料”。其实,不是发现不了新闻,也不是抓不住新闻线索,而是发现的方法、路径不对。只要掌握了发现新闻的技巧,就会明白新闻事实就在你我的身边。若能及时发现和捕捉新闻,搞活宣传就会事半功倍,就会取得很好的效果。

新闻在哪里?我们该怎么找到新闻线索?如何才能“逮”到新闻呢?

法国著名雕塑家罗丹有一句名言:“世界上从不缺少美,而是缺少发现美的眼睛。”

因此,要找到新闻,需要有一双识别新闻、发现新闻的“慧眼”。如何才能拥有一双“慧眼”呢?请跟我来——

一、先从“身边事”开始练眼力

这里的“身边事”,无非是指自己在本单位听到、看到的一些“原生态”的事实。这些事实,并未经深入采访,只是一些事情的简要轮廓或道听途说的零碎片段。

企事业单位里的工作和我们基层的生活是丰富多彩的,什么“事”都可能发生,而“身边事”更是天天发生、不断发生,有的“身边事”本身就具备新闻的各种要素,堪称好的新闻素材。

但也要看到,通讯员(本书中的通讯员主要是指企事业单位从事党建与思想政治工作的人员）遇到的这些“身边事”，大都是司空见惯的“生活小事”或“好人好事”，并不能都作为新闻事实写进新闻稿件中。

那么，我们平时所说的“身边事”与能写进新闻稿件的“新闻事实”有什么区别呢？

（一）这些“身边事”得“是个事”

何为“是个事”呢？按照新闻的专业用语，就是指能抓住问题、反映问题或说明问题的事。

有的通讯员采写稿件往往就事论事，不注意抓问题，这些事报道出来之后，往往倾向性不明显、主题不明确，读者看后并不知道作者想要解决什么问题、想要提倡什么精神。

如一篇来自煤矿企业的稿件，报道了一位矿领导出题考矿工的事，这件事就不“是个事”，因为太普通了。而另一篇稿件也是报道出考题的，可作者抓住了其与众不同之处，让平日里的副总由“主考”变“考生”，接受职工有关安全管理方面的提问，职工依据回答情况给领导“打分”，并对积极参与的“职工考官”每人奖励一条毛巾。作者以此来反映煤矿企业强化安全管理全覆盖的重大变化，这就抓住了问题，这件事就“是个事”了，而且值得其他矿的管理者学习和借鉴。

还有这样一篇稿件，报道的是一个大学生村干部与村民打成一片的事迹。从稿子看，主人公事迹平平、毫不足奇，这也不能算个“事”，所以也就没有采写价值。而同样是报道大学生村干部与村民打成一片的，另一位作者除了挖掘这个村干部“富家出身”“不习惯北方生活”“身体瘦弱不能干重活”的特点外，还通过“与孤老户在一铺炕上过年”“连续三个月在山上与村民搬石头修路”“领导科技小组夺取香菇丰收”三个感人的故事，来表现这个村干部在改变农村面貌的同时也改变自己的高尚境界。你能说这样的报道不“是个事”？

可见，典型、生动、感人、有故事的事才叫“事”；否则，司空见惯、平平常常，那就不叫“事”。

（二）这些“身边事”得是“真事”

新闻是对客观事实的报道。所谓“事实”，按照《现代汉语词典》（第7版）的解释就是“事情的真实情况”。而我们所听到、看到的这些“身边事”，未必都是真实事。

有一位通讯员，某天看见单位的两位负责人在研究工作时争论得很激烈，会后仍然相处融洽，就写了一篇报道，说这两位负责人曾经“矛盾很深”，后来学习党的二十大精神，带头消除隔阂，并以此带动了单位的和谐、团结。该单位相关部门审核此稿时，认为稿件内容失实、作者看问题太片面。因为这两位负责人在研究工作时的争论属于民主讨论的范畴，是正常现象，谈不上是不团结，更不是"矛盾很深"。

可见，有些事情，即使是耳闻目睹，也未必是真实的，要从整体上、本质上把握新闻事实的完全真实性，还得进行认真细致的调查、研究、核实、分析和思考，绝不能把似是而非的"身边事"写进新闻稿件，更不能把经过想象、加工、编造的事情写进去。

真实是新闻的生命。在这个问题上，我们一定要分清新闻稿件和文学创作稿件的根本区别，万不能以"艺术真实"代替"新闻真实"，把假新闻介绍给读者。更重要的是，我们写完的稿必须有人把关，如果前文说的那篇稿件没有经集团相关部门审核、把关就发表了的话，可能就会出问题、就会影响企业形象。

（三）这些"身边事"得是"新近发生的事"

新闻报道的"身边事"得姓"新"。所谓"新"，就是指事实必须是新近发生或正在发生的，或者是首次在媒体上公开报道的。

一般来说，报纸的第1版和要闻版的新闻稿件，大都报道的是两三天以内发生的事，作者最好在事情发生的当天就把稿件采写好，并争取一两天就见报。

因此，当你要从"身边事"中挑选新闻事实时，一定要挑选"最近"发生的，并且越新鲜、离"今天"越近越好。随着现代传播技术的发展，新闻的传播速度越来越快，有时候，迟误半小时的新闻就有可能变为"旧闻"，这就提示我们："快"是新闻的生命，采写新闻一定要快！

（四）这些"身边事"得是"大事"或"小中见大的事"

在我们的生活中，一般的鸡毛蒜皮的事情太多，而且大同小异，读者读后也有似曾相识之感，不会引起多大的兴趣，用新闻的"行话"来说，这叫"新闻价值不大"。然而，也有一种看似"小"的事情，新闻价值却不小，这就是我们常说的"小中见大的事"。

当我们的身边确实找不到"大事""重要的事""轰动的事"时，那就在挖掘"小中见大的事"上狠下功夫吧。

综上所述，发生在基层的，我们看得见、听得着的"身边事"中，可能潜藏着许多新闻素材，但"身边事"本身并不都是可以写成新闻稿件的新闻事实。

二、把好的"身边事"筛选出来

当我们面对许多"身边事"不知道从何处入手的时候，我们就要做以下几方面的努力。

（一）比较、筛选、聚焦，缩小报道范围

当我们发现许多“身边事”需要报道，又不知道从哪里入手时，不必急于写稿，可以先将这些“身边事”比较一下，排排队，并通过比较挑选出那些有新闻价值的事情，然后根据每件事发生的时间，将“新近”发生的事划入重点范围，这样，就会发现可报道的“身边事”的范围大大缩小，目标会越来越清晰。

（二）调查、了解、核实，确定报道重点

我们要对手中有报道价值的少数几件“身边事”亲自去调查、了解一下，一是核实事情是否属实，二是尽量了解事情的全过程，还可顺便补充一些细节。这样，我们对这件事能否报道以及如何下笔，就可以做到心中有数了。

（三）挖掘、思考、权衡，明确报道对象

当我们下决心要把手中的一两件“身边事”变成新闻稿件时，还要做一些征求领导和周围群众意见的工作，如虚心听取领导和同事们的意见，努力深挖主题，使之鲜活深刻；全面思考，使之既有新意，又与当前的宣传精神相吻合；权衡利弊，扬长避短，使“身边事”的新闻价值升华，力求使其正能量满满。

如果我们成功地将“身边事”进行了以上处理，我们的采写方向和报道目标就会由模糊变清晰，写作信心就会由动摇变坚定。如果再加上采写行动的实施，我们就不难将自己发现的“身边事”成功地变成新闻作品了。

三、加强新闻敏感的培养

有了新闻敏感，新闻工作者才能在那些纷繁复杂、浩如烟海的事实中，通过观察和分辨，在“小荷才露尖尖角”的时候，及时地捕捉具有新闻价值的事实。

培养新闻敏感，主要是靠平时的学习，包括两个重要环节。

（一）学习党的路线、方针、政策，培养马克思主义新闻观

要发现新闻，首先要求通讯员心中有把“尺子”，即党的路线、方针和政策。只有自觉地、经常地、认真地学习党的路线、方针、政策，用正确的观点和方法去观察一切事物，才能发现有价值的新闻。无论是新闻宣传、文艺宣传，还是广告宣传，都要鲜明地体现马克思主义新闻观。心中有全局，眼力自然强。只有吃透了新政策、看准了大趋势、明确了大方向，全局在胸，才便于把具体的问题、材料置于全局之下进行比较，才能发现有价值的新闻或新闻线索。请看《企业家日报》2013年9月30日第2版刊发的《2013年中国煤炭企业百强和产量五十强揭晓　中国煤炭100强企业呈现出六大特点》：

2013年中国煤炭企业百强和产量五十强揭晓
中国煤炭100强企业呈现出六大特点①

特约记者　王传钧　山东报道

本报讯　9月13日,由中国煤炭工业协会评选的2013年中国煤炭企业100强和2013年中国煤炭企业煤炭产量50强揭晓,这也是中国煤炭工业协会连续第十次向社会发布该份榜单。2013年中国煤炭企业100强排名以煤炭企业2012年营业收入为依据。神华集团以3439.69亿元高居榜首,冀中能源集团和山东能源集团分别以2228.43亿元和1937.73亿元列第二位和第三位。煤炭产量50强名单以煤炭企业2012年煤炭产量为依据。神华集团以4.57亿吨的产量继续位列第一,产量50强企业在2012年的煤炭产量全部超过千万吨。

据悉,2012年煤炭市场发生了很大的变化,此次入围100强的企业发展水平也有一些新的变化,并呈现出六大特点。

一是经营规模继续扩张,速度放缓。2013年中国煤炭企业100强实现营业收入总额37778亿元,较上年增长18.15%,增速大幅回落25.69个百分点,为十年来次低值。千亿元企业达到16家,较上年增加两家。一些企业继续保持良好的增长势头,其中,71家企业营业收入保持增长,45家企业保持两位数增长。

二是煤炭产量继续增长,增速下降。2013年中国煤炭企业100强共完成煤炭产量28.49亿吨,占全国煤炭产量的78%,较上年增长8.7%,增幅较上年回落10.38个百分点,为"十一五"以来最低值。在92家煤炭生产企业中,64家企业产量同比增加,累计增加25858万吨,增长12.58%;28家企业产量同比减少,累计减产4197万吨,下降7.27%。

三是企业经济效益大幅下滑,债务负担加重。2013年中国煤炭企业100强完成净利润1507.62亿元,比上年下降26.33%。其中,一成企业亏损,三成企业非煤产业亏损,七成企业净利润同比下降;收入净利率为3.99%,比上年下降2.41个百分点,其中九成企业收入净利率下降;资产负债率继续上升,达到65.62%,比上年提高3.49个百分点,高于全国规模以上煤炭企业5.33个百分点,企业偿债能力下降,财务风险增加。

四是科技创新能力稳步提升。2013年中国煤炭企业100强坚持依靠科技

① 本书收入的新闻报道在保持原意的基础上略有改动。

进步提升煤炭生产力水平，全年共投入研发资金523亿元，比上年增长12.23%；从平均研发强度看，研发投入占营业收入的1.41%，较上年小幅上升。从研发的专利产出看，共拥有专利10757项，比上年增加4289项、增长66.31%；其中，拥有发明专利1584项，比上年增加578项、增长57.46%。

五是煤炭结构调整和产业转型步伐加快。2013年中国煤炭企业100强集中化生产优势突显，7家企业的产量超亿吨，52家企业产量超千万吨，前4家企业和前10家企业的产量分别占全国产量的24.32%和40%，分别比上年上升1.7个百分点和1.91个百分点。2013年中国煤炭企业100强非煤产业快速发展，共完成非煤收入20623亿元，非煤占比首次突破60%。其中，煤化工板块经营规模最大，完成收入2170亿元，占非煤总产值的10.52%；煤电装机规模突破1.1亿千瓦，完成收入1564亿元，占全国电力装机规模的1/10左右。

六是兼并重组和市场化改革加快推进。2013年中国煤炭企业100强积极通过并购与重组、上市融资、发行债券等方式进行股份制改造，实现了股权多元化。40家企业在2012年实施了130余项并购重组活动，38家企业拥有47家上市公司，其中煤炭类上市公司达到26家。兼并重组热点颇多，如神华集团重组国网能源、皖能电力、巴蜀电力，陕西省第三大能源集团——陕西榆林能源集团重组成立，阳煤化工与东新电碳战略合作后成功借壳上市，义马煤业集团收购澳大利亚优德矿业51%股权，郑煤机H股在香港联交所主板挂牌交易等。

（二）对面上、点上的情况要了如指掌

是否具有新闻敏感还取决于通讯员是否深入实际，了解实际工作、生活中的问题和群众的呼声。是否掌握面上的情况和对典型了解的程度，即：要知道在具体工作中存在什么问题，哪个最突出，哪个次之，各个问题之间有些什么联系，报纸已报道到哪一步，群众的反应如何，哪些是群众迫切要求再深入报道的，等等。只有随时了解、熟悉面上和点上的情况，视野才能开阔，辨别、判断新闻事实时，才能迅速、准确。

对面上、点上的情况除了熟悉之外，我们还必须将这些情况作为新闻线索积累起来，并密切注意其发展变化，这是及时发展新闻的重要方面。请看《工人日报》2012年7月10日“劳动·保障”版头条刊发的《矿工每人每月发一个口罩30年没变是否该改改》：

矿工每人每月发一个口罩30年没变是否该改改

本报通讯员　蒲德贵

本报讯　“矿工使用防尘口罩,每人每月只领用一个,天天佩戴同一个口罩上班,清洁卫生和保养工作是没有办法实现的”。

6月26日夜班,重庆能源集团石壕煤矿采煤621队生产一班组织员工开展了“防尘口罩清洁卫生和保养大家谈”活动,正当大家讨论口罩质量和清洁卫生保养方法之时,采煤工桂猛却道出了隐痛:如果每天戴同一个口罩上班,没有多余的备用口罩使用,呼吸过程中产生的口水黏附在过滤泡沫布上,必定会滋生细菌,尘肺病得到了预防,却防不了细菌对人体的危害。

对于粉尘较大的煤矿井下作业,小小的口罩关乎着矿工的生命健康和安全。矿工们在讨论会上指出,改革多年来,企业体制改革了,经营体制改革了,唯独矿工的防尘口罩每人每月只领一个的标准却至今没有变化,这也是全国700多万矿工“防尘肺伤不起”的原因之一。

在采掘一线工作了34年的吴楠贵介绍,计划经济时期,煤炭行业规定每月每人领用口罩一个;这么多年后,还是领用一个,只不过口罩的结构、材质发生了变化,从纱布口罩到泡沫式、过滤式口罩。

笔者检索了多家煤炭企业劳保用品数量发放的规定,发现这一数量的标准在部分企业并未改变。

这小小的却又关乎着生命的口罩改革,发放数量,仅仅是矿工们的期待之一。

采煤工袁鲜艳说:“我们使用的防尘口罩,在使用过程中多加一层过滤纸,效果好,但呼吸又困难。”矿工们对防尘口罩生产厂家如何生产适合于矿工使用的口罩提出了要求:口罩要既能保证清洁卫生,又能防止粉尘侵入,还能防止细菌不再从口中侵入人体。

“一层过滤纸组成的防尘口罩,只能作为一般防护用。我们在井下使用的防尘口罩都要经过自己加两层以上的过滤纸再使用,效果才更佳。”

“一张过滤纸2.5元钱,却能解决防粉尘的大问题。”吴楠贵认为,该矿2600多名员工无尘肺之伤,其主要原因是基层连队掏钱给员工买了备用口罩,解决替换使用的问题,以及矿工个人也购买了不少过滤纸来更换。

该矿采煤生产一班15名员工还围绕防尘口罩的使用方法、清洁卫生和保养工作展开具体讨论，并对市面上生产销售的劳动保护用品存在劣质产品多，以及防尘口罩存在制造缺陷等提出了质疑。

"佩戴口罩，鼻嘴四周不得有缝隙存在。"

"口罩佩戴之后，过滤纸必须在下班后做好清洁卫生工作，以便第二天再使用。"

"有了防尘口罩不是万能的，防尘水装置的安装、使用更不能缺少。"

……

该稿在《工人日报》上发表后，中新网、新浪网、中青网等新闻媒体纷纷转发，中国工会新闻网也进行了转载，在社会上引起了强烈反响，全国人民开始关注矿工群体，各级政府开始关心、关爱煤矿工人。

第二节　习惯做一个“有心人”

搞活宣传,先试着从做一个“有心人”开始,因为“处处留心皆新闻”。事物是不断发展变化的,我们每天都要接触不同的人和事,如果漠然视之或熟视无睹,就会认为一切很平常,但只要多留心观察,对任何事物都保持一颗好奇心,就不难发现其中的新鲜和不同之处,就能找到好的新闻线索。

一、好新闻总能等到“有心人”

新闻点也叫新闻由头、新闻的引子,或者说是新闻根据。新闻根据是新闻发布的依据,其作用是,交代事实的来源、出处,增强新闻的可信性、权威性,点明事件发生的时间,提高新闻的时效性与时新性。若有人让你给他新闻点,意思是:你那边有什么“好玩”的事情可以上新闻的? 如果你是负责媒体接待的人员,那么你该回答你们举办的活动的新奇之处,以便于记者或者通讯员能够找到写作的由头。

因此,新闻点是宣传工作的“生命”。在宣传工作中,通讯员经常会因为找到一个新闻点而欢呼雀跃、兴奋不已,也往往会因为找不到一个新闻点而冥思苦想、苦恼不已。殊不知,有一些新闻“宝藏”就在身边,这些“宝藏”中“埋藏”着很多新闻点,这些新闻点等待着有心的通讯员去探索、去发现。请看《中国矿业报》2018年3月24日第2版头条刊发的新闻《济矿集团安全监察室正式“上岗”》:

济矿集团安全监察室正式“上岗”

本报讯　3月12日,从山东省济宁矿业集团获悉,为加强国有企业安全生产监督管理、建立和完善安全监察管理体制、进一步加大安全监察力度、严格落实安全生产主体责任,根据《安全生产法》《职业病防治法》《煤矿安全规程》等法律法规和上级有关要求,济矿集团在原有安监局的基础上,新设立了三个安全监察室,其中,两个为煤矿安全监察室,一个为非煤安全监察室,均隶属于该集团安监局管理。

济矿集团安全监察室负责全面监督所属各企业安全主体责任落实情况,对各企业安全生产负监督、监察责任。监察人员在监察中发现企业存在违法、违纪现象，将参照《安全生产法》《煤矿安全监察行政处罚办法》《矿山安全法实施条例》等法律法规和集团及各企业奖惩制度，下达监察意见和处罚文书，指令企业拿出落实意见，责任落实到人。监察人员有现场处罚权，5万元以上罚款需报集团公司研究后执行。所有罚款交所在企业财务账户。监察人员发现重大隐患危及现场安全的，有权下达"立即停产整顿，撤出人员"的指令。监察人员对违章违纪责任人有"停班、停职、降职、撤职"的建议权；对安全生产工作成绩突出的单位和个人有表彰建议权，集团公司安全生产管理委员会应充分听取监察人员的建议。

该集团各监察室原则上一律驻企业，采取"下井到现场、查阅内业资料、个别座谈、参加安全生产工作会议、参加区队班前会"等方式。每周一小结，形成工作报告，以监察文书的形式报集团公司安监局汇总后，全集团通报。每月向集团公司汇报各企业上月的安全生产情况、存在问题、监察工作开展情况及下月的工作计划。煤矿监察室每半年调整一次监管区域，小组开展活动每月一循环，每矿七天，特殊情况下，对重点工程、重点事项采取"四不两直（不发通知、不打招呼、不听汇报、不用陪同接待、直奔基层、直插现场）"方式进行督导检查。

据济矿集团总经理介绍，为严肃纪律，他们还专门下发了《济宁能源济矿集团安全监察室工作制度》，要求监察人员严格遵守国家有关法律、法规、规章和党风廉政规定，公平、公正、廉洁地开展工作，严格执行请假制度，如实向集团公司报告工作情况，严守纪律，工作期间严禁饮酒。监察人员若违反规定，将按照集团相关规章制度严肃处理。**（王传钧）**

由上稿可知，通讯员必须是一个"有心人"，留心了、用心了，再加上细心才能促成新闻作品的发表。《济矿集团安全监察室正式"上岗"》的标题就非常吸引媒体编辑的眼球，新闻点非常突出，个性鲜明，体现了作者的用心、细心。

二、耳听八方，把听到的事变成新闻

耳朵像装上"录音笔"。通讯员的耳朵，要像录音笔那样，遇到什么样的声音都能"录"下来。乘车、坐船、晨练、购物，人们在议论什么，不妨侧耳注意听一听；与别人闲谈说笑，人家尽可"言者无心"，你却要"听者有意"。实践证明，用心听取人们议论和与人闲谈，是发现新闻的一种渠道，许多有价值的新闻，特别是生动的语言、朴素而有益的思想，正是通过这种途径获取到的。

2019年3月的一天，我接听了一个从济矿营销分公司打过来的电话，主要是向我咨询如何使用手机拍摄新闻照片的事,我回答后就与对方攀谈起来。聊的过程中,得知对方所在的公司刚签下了海运煤业务的合同,我觉得这是个很不错的新闻点。

就是这样一段几分钟的电话聊天,却被我视为珍宝。于是,我找到具体人员了解详情,采访、整理出了一篇新闻报道,并第一时间投给了由人民日报社主管主办的权威性行业报——《中国能源报》。请看《中国能源报》2019 年 3 月 18 日第 16 版刊发的新闻《济宁能源开启电煤海进江模式》:

济宁能源开启电煤海进江模式

本报讯 通过前期客户资源开发和曹妃甸港口场地交货业务的积累,日前,济宁能源发展集团济矿营销分公司签下海运煤业务合同,通过“海江联运”和“大船驳小船”运输接力的方式无缝衔接南方电厂,开启了济宁能源电煤海进江的业务模式。

电煤是大宗产品,各电厂每次的采购数量较大,而山东济宁及周边的电煤资源有限,无法满足公司电煤业务需求。要做大做强电煤业务,必须通过海运煤这一重要的操作模式来实现。

济宁能源相关负责人表示,本次海进江业务既拓宽了公司的经营渠道,又积累了海运煤实践经验,为后续更新、更大业务的拓展奠定了坚实基础,同时也为济宁能源多渠道经营开辟了新途径。**(王传钧　赵宁)**

实践证明,言者无心,听者要有意。通讯员不能习惯于带着别人给的题目和自己的一套“捕鱼”设想下去采访,更不能“两耳不闻框外事,一心只照设想行”,否则,许多“活鱼”“大鱼”可能就从手边白白滑掉了。

三、补位意识,防止好新闻错失良机

补位,本来是足球运动术语,指防守中本队队员被对手突破时,另一队员前去封堵;当本队队员离开了原定分工的位置,其他队员填补因该名队员离开而暴露出来的空位。补位是一种化解危机的有效方法。球赛如此,宣传工作也应当如此。宣传工作加强补位,主要是防止因缺位造成的宣传良机的丧失,避免“活动非常好、宣传不见稿”现象的发生。

2020 年 5 月 16 日,济宁能源发展集团发生了一件大事——济宁港航发展集团有限公司(简称“济宁港航集团”)揭牌。该公司是济宁能源发展集团旗下除了济宁矿业集团有限公司以外的第二大子公司。作为历史的见证者,我有幸参加了当天的活动。

实际上，5月16日当天不仅仅是“揭牌”这么简单，根据集团筹备组安排，当天上午9时18分至10时18分，先举行济宁港航经济高质量发展研讨会；11时18分至11时58分再举行济宁港航集团揭牌和项目签约仪式。

5月16日晚，济宁电视台官网发布了以《济宁港航集团揭牌成立并签约合作项目》为题的新闻报道，作者是济宁电视台记者董振、张伟、马文洋。

5月17日，济宁地方党报《济宁日报》未报道该活动。

5月17日晚，济宁能源发展集团微信公众号以《济宁港航集团揭牌成立并签约合作项目》为题发布了报道，但属于企业内部宣传，宣传效果有限。

5月18日上午8时38分，济宁能源发展集团官方网站发布了《济宁港航集团揭牌成立并签约合作项目》的报道，传播力度也不大。

也就是说，5月16日至18日，济宁港航发展集团筹备组压根就没打算对“济宁港航发展集团揭牌”活动进行更大规模的宣传，仅在济宁电视台和集团内部报道，未出“济宁圈”，宣传力度小，渠道也窄。这么好的活动明显是出现了外宣缺位的情况，至少缺乏行业媒体的有力支撑。发现该情况后，我主动补位、上位，接连撰写了两篇宣传报道发往外部行业媒体。请看《中国水运报》2020年5月20日第2版刊发的新闻《济宁港航发展集团揭牌成立》：

济宁港航发展集团揭牌成立

本报讯(通讯员　王传钧)　5月16日，济宁港航发展集团有限公司(以下简称“济宁港航集团”)揭牌成立。

据悉，济宁港航集团于2020年1月22日注册，注册资本金为15亿元。该集团目前拥有梁山铁水联运物流园区、任城区森达美临港物流园区、邹城临港物流园区、微山临港物流园区四大港口物流园区，其中梁山铁水联运物流园区依托连接我国东西部的重载煤运铁路通道“瓦日铁路”与京杭大运河交汇于梁山县境内的特殊位置而建，已被列为山东省首批省级物流专项示范工程、第二批山东省多式联运示范工程和2020年山东省重大建设项目，项目一期公铁联运2019年实现煤炭来、发量近1100万吨，销售收入21.08亿元；2020年4月建成了我国最大跨度的钢结构储煤棚，有全国最大的不生产煤的“地上煤矿”之美誉；项目二期10万标箱集装箱码头已于今年3月开工建设。

此外，济宁港航集团将重点打造港口运营、船舶运输、港航建设、集装箱及新能源船舶制造、综合物流、金融服务、大宗商品贸易、信息服务8大业务板块。

济宁市港航业发展基础良好,通航里程1100公里,2019年吞吐能力达6400多万吨,内河水运已成为济宁经济社会发展的重要支撑。为打响运河物流品牌,在现代物流业方面有新的突破,济宁市依托济宁能源发展集团有限公司牵头组建济宁港航集团,全面整合“小散低”港口,积极发挥济宁辖区港口、船舶资源优势,大力发展集装箱港口运输,加快推进大运河经济文化带建设。

再请看《现代物流报》2020年5月20日关注版头条刊发的新闻《强港航 畅物流 兴产业 济宁港航经济高质量发展研讨会举行》(该稿同时配发了两幅现场照片):

强港航 畅物流 兴产业

济宁港航经济高质量发展研讨会举行

特约记者 王传钧

本报讯 5月16日上午,济宁港航经济高质量发展研讨会在山东济宁圣都国际会议中心三楼1号会议大厅举行。

研讨会上,中国物流与采购联合会专家委员会主任、中国物流与采购联合会原副会长、研究员戴定一首先做了《疫情后的物流发展》主旨演讲。戴定一表示,疫情还没有结束,对全球政治经济的影响尚未充分显现,但人们至少有些新的认知:物流在疫情中的突出贡献,是仅次于医护行业的第二大行业。物流行业人员素质同样具备逆向而行的奉献精神。他指出,港口作为物流枢纽应该具有两个市场(本地集散和远程联通)的桥梁功能,才能够长期稳定发展;智慧技术在于数据相关性替代因果性的认知扩展,目前短板在于数据和人才,要从需求(问题)导向开始,确立明确的价值目标,逐步积累经验和人才。

中国交通建设股份有限公司副总工程师、中交水运规划设计院高级顾问吴澎在研讨会上做了《内河水运发展的新形势与济宁港航建设的新机遇》的主旨演讲。吴澎首先介绍了内河水运发展现状和新一轮内河水运规划。随后,他从“济宁港航面临的形势、济宁港航规划、济宁港航发展面临的机遇、济宁港航高质量发展的愿景”四个方面进行了有益探讨。

随后,北京交通大学交通运输院物流工程系主任、教授、博士生导师王喜富做了《运河驱动 产城融合 蓄势腾飞——协作共创视角下济宁港航产业发展》主旨演讲。王喜富表示,港航产业特征包括三个,规模经济属性:单位吞吐量增加带来的规模经济效益;准公共物品属性:港口基础设施具有典型的公用性;网络经济效应:网络用户增加带来的正外部经济效益。港航产业内涵:目标是港航物流专业化,支撑是航道运输通畅化,方式是资源整合平台化,核心是贸易实施便利化。他强调,要高定位引领大目标,项目定位目标为:强港航、畅物流、兴产业,构建“港航+物流、贸易、金融”生态圈,探索“大物流、大贸易、新金融、新产业”,做港口运营标准化先行者、内河联运集装化示范者、智慧物流绿色化创新者、港产城协同发展推动者,从而开拓出一条以京杭运河联结世界的港航经济复兴之路。

据悉,研讨会开始前,济宁市委副书记、代市长林红玉会见了与会的物流专家、教授。

在随后的几天里,上面的这两篇宣传报道先后被中华航运网、中国物流与采购网、现代港口物流网、山东能源网、中国网-中国物联网、中国青年网、国际在线、中国煤炭网、环球网、网易新闻、搜狐网、新浪网财经、大众网、光明网、凤凰网、腾讯网等多家媒体和平台转载。

看到这里,有的读者可能会忍不住说我是多此一举、多管闲事,甚至担心我会得罪人。但是,宣传工作就是这样,得有人做,得做实、做活,得相互配合、通力协作,这就需要各路通讯员及时补位、上位,以免错失宣传良机。

四、点到为止,这样更易抓“活鱼”

看到这里,一些通讯员还是觉得手头没新闻或没线索,甚至不知道从哪里开始“逮新闻”。怎么办呢?为了对症下药、简便易行,下面我来告诉你如何从企事业单位里发现新闻。

(一)××之最

“之最”是发现新闻最简单的方法。一般来说,“之最”的范围越大新闻价值也就越大,第一次、第一个、首届也属此类。如《山东第一个实现市市通“高速”》《济宁首个　山东唯一　梁山港列入国家多式联运示范工程》《安居煤矿喜捧山东建筑工程最高奖》《济宁能源发展集团:打造我国北方最大的内河航运中心》《“粮会天下,共享共赢”　全国首届京杭运河粮食市场峰会成功举办》。

(二)罕见的数字和数据

这类新闻和“之最”有一定的相似之处,但绝不相同,一定要有数字,数字是最有说服力的,当然,此类新闻或线索通常隐藏在公司文件、企业会议或自我总结中。如《北京城建集团经济活动分析会让数字“说话”》《济宁矿业集团:原煤成本2年下降四分之一　增效15亿元》《北京5G企业数量已超260家　覆盖系统设备到终端应用全产业链》《注册资本 1.55 万亿,总资产 112 万亿,中国最大金融集团超乎你想象》。

(三) 节日里开展的各种活动

这类新闻主要描写在节日中开展的各种活动,以及节日里的人物、事件。如《中国科技馆“互联 5G 时代”主题展国庆节向公众开放》《清华大学举办庆祝“三八妇女节”女教职工座谈会》《山东省交通工会开展“传递浓情粽香　温暖货车司机”慰问活动》《安徽鲁工建设集团开展中秋节走访慰问活动》等。

(四) 先进人物的事迹

这类新闻主要指年底先进人物评选的策划、实施和表彰活动以及典型人物的报道等。如《好工人的标准是精益求精》《全国劳模潘兴喜:一盏矿灯陪伴井下 10 年路》《行者无疆——记山西省劳模、潞安集团王庄煤矿矿长刘克功》《钟南山战疫 60 天全记录》《钟南山:大医精诚　护佑生命》等。

(五) 普通人物的感受

这类新闻应注重人物心理、语言等的描写。如《“五一节”矿嫂下井体验生活受关注》《八月十五我在岗》等。

(六) 先进技术的应用

这类新闻应注意首次应用,突出重点企事业单位先进技术的应用推广等。如《我国首台智能火车清车机在济矿物流“上岗”》《校企合作! 永磁电机联合实验室签约揭牌仪式在海纳科技公司举行》等。

(七) 与众不同之处

这类新闻应关注生产、生活中的细节,横向、纵向相比的不同之处。如《梁山港:通江达海　激活“黄金水道”》《顺丰开通“淄博烧烤当日达”专线》《假期人间烟火气　淄博烧烤配青啤　好客山东欢迎您》《淄博成顶流,山东被“挤爆”:曲阜的淄博烧烤店一晚翻台超百桌》等。

(八) 天气变化等因素

这类新闻主要报道大风、大雨、沙尘暴、强降温等恶劣天气下厂矿工人的故事、事件。如《21 小时的紧急抢修——济宁落陵盛源公司因大风致电路中断抢修自救侧记》《花园煤矿开展防汛抢险演习活动》《阳城煤矿组织水灾抢险及井下停产撤人演练》等。

(九) 措施带来的变化

这类新闻主要报道新措施、新文件出台和实施后带来的新气象、新变化及影响等。如《湖北化肥厂“劳保超市”受欢迎》《太平财险拟增资 10 亿元,注册资本将达71.7亿元》《济宁港航全产业链生态体系渐成》《济宁落陵盛源控股有限公司挂牌成立》等。

（十）公众人物、官员的到访

这个最好理解，比如，某公众人物到单位讲课、为企业的产品代言，上级领导到单位调研等。

其实，很多奇招妙方都需要我们自己在今后的新闻实践中去探寻和挖掘。只要用心、坚持，相信不久的将来，我们"逮新闻"的能力和水平会有一个质的飞跃。

第三节　务必打破常规选角度

新闻宣传是企事业单位的“刚需”，在注意用眼、用耳“逮”新闻的同时，还得注意用脑多思考问题，脑袋要始终“上足发条”不停地转动。当然，搞活宣传还离不开角度，选好报道角度是新闻写作中的大学问。

《人民日报》原总编范敬宜曾说：“只要找到了好的角度，没有不可以写的新闻！”每种事物都是多面的，好似一个五光十色的多面体，既可以从这个角度去表现，也可以从那个角度去阐述。“横看成岭侧成峰，远近高低各不同。”从不同的角度看到的是不同的价值。

一、从人们最关心的问题中去选择报道角度

新闻报道，选择不同的角度，就会产生不一样的宣传效果。如果选择的角度平常，写出来的新闻就平淡无奇；反之，如果角度新颖独特，写出来的新闻就富有新意和感染力。新闻报道角度的选择一定要打破常规，从人们最关心的问题出发。

2010 年全国新闻界开展“走、转、改”活动以来，越来越多以平民视角为出发点的基层新闻走上前台，一个个普通人成为新闻的主角。中央电视台组织的“最美乡村教师”“最美乡村医生”“最美消防员”系列新闻报道，就收到了非常好的社会效果。这些新闻素材的选用都是从群众角度入手，突出了新闻价值。由此可见，从百姓的角度去思考问题、捕捉信息、寻找角度、提炼主题，新闻报道就能出奇制胜、多姿多彩，让人们喜闻乐见。

二、从最能展示事物本质的方面去选择报道角度

现象和本质是展示事物外部表现和内在要素之间相互关系的一对概念，也反映了人们对事物的认识深度和认识过程。现象是事物的外部表现形态，是人们的感官能直接感知的。事物的本质需通过现象从不同的方面表现出来。透过现象看本质，为我们选取新闻报道角度，提供了一个科学的认识方法。当我们发现和掌握了某一新闻事实后，从最能展示事物本质的角度去立意，写出的新闻才有深

度、有思想性。举个例子,《人民日报》海外版原总编辑詹国枢在20世纪90年代初曾写过一篇名叫《从煮饺子说到规模经济》的文章,他是这样开头的:

朋友,你吃过饺子吗?你知道饺子是怎么煮出来的吗?你一定会说,当然吃过,也知道是怎么煮出来的。但是,如果我给你提一个要求,让你别煮多了,只煮一个饺子,你会同意吗?你肯定会说,要煮就煮一锅嘛,谁只煮一个?因为即使煮一个饺子,也还要同样地买面、买肉、买蛋、买菜、剁馅、包饺子、生火、煮熟……这不是太麻烦、成本太高了吗?是的,生活中,谁也不会只煮一个饺子,然而我们的不少企业,却正在干着煮一个饺子的傻事。

接下来,文章从煮饺子讲到规模经济究竟是怎么回事,为什么在大多数行业一定要讲规模经济,以及我们怎样去实现规模经济等。这篇文章发表后,当天就受到广泛好评,大家认为,该文章角度新颖、通俗易懂,把规模经济到底是怎么回事讲清楚了,摒弃了经济新闻枯涩无味的诟病,使读者易于接受和理解。

三、从指导工作所需要的方面去选择报道角度

党的新闻宣传,一个阶段、一个时期都是围绕某一项中心工作或某一项重大任务展开的。因此,新闻报道必须研究党的中心工作和中心任务,并且步步紧扣宣传的节拍。要有节奏、分阶段进行,每一个阶段最需要什么,先宣传什么,后宣传什么,哪些宣传了,哪些还没有宣传,该怎么样去宣传,这都要求我们认真分析、认真研究、认真琢磨。而后,从"独家新闻"的角度去抓新闻,从"指导工作最需要什么稿件"的角度去写新闻。当然,企业新闻也是如此。请看《中国水运报》官网2020年11月14日热闻栏目发表的《全球首创智能空轨集疏运系统签约落地山东港口青岛港》:

全球首创智能空轨集疏运系统签约落地山东港口青岛港

全媒记者　杨　柳

11月13日上午,山东港口青岛港与中车长江集团长江公司在青岛港全自动化集装箱码头举行青岛港集装箱智能空轨集疏运系统合作研发项目签约仪式,这是山东港口青岛港继建成投产世界领先、亚洲首个全自动化集装箱码头后,在智慧港口建设领域的又一关键举措。

山东港口青岛港集装箱智能空轨集疏运系统合作研发项目将在山东港口

青岛港全自动化码头进行建设，一期示范工程起于自动化码头海侧，止于相邻的人工码头箱区，线路长度为612米，计划于2021年6月投入运营。二期将延伸至前湾港北岸铁路港站，项目全部建成后，全线长约9.5公里，年运输能力达150万标准箱。

该示范项目将采用智能空轨系统与AGV、IGV、无人集卡和有人集卡多种交互方式，精准对接海铁联运、中转业务、海关查验等8种港口业务形态，综合运用5G、人工智能、大数据、北斗定位、机器视觉、激光扫描等高科技，实现智慧港口建设新突破。项目建成后，将实现港口集装箱集疏运从平面交通到立体交通的质的升级，彻底破解平面运输的交叉、拥堵等交通安全瓶颈，同时将打通集装箱从铁路港站到堆场的"中间一公里"，实现港口、陆路、铁路联运"零换乘"，进一步提升青岛港集装箱集疏运能力和效率，扩展港区发展空间，对城市立体轨道交通起到示范引领作用。

据悉，中车长江公司是目前全球唯一一家已建成智能货运空轨路线并掌握测试数据的公司。山东港口青岛港与中车长江公司自2019年围绕港口货物吞吐量尤其是海铁联运箱量快速增长背景下，对青岛港前湾港区面临集疏运压力进行攻关研究，创新提出了智能空轨集疏运系统，并先后完成了轨道结构选型和货运动车定制化设计、信息及控制系统顶层设计、空轨系统与港口TOS、TMS、ECS系统无缝对接等工作，双方就技术、建设、运营等合作方式达成一致。

山东港口青岛港相关工作人员介绍，智能空中轨道是一种全新的、革命性的、跨界融合的交通理念，以立体的思维构建未来港口物流的集疏运网络，以科技创造智慧交通美好未来。智能空中轨道解决了公路、铁路、水路等传统运输方式弱衔接、高成本、低效率的问题，同时具有延展性强、兼容性好、适应能力强的特点，是一种更安全、更高效、更环保、更经济的新型立体运输方式，代表城市、港口、物流智慧交通未来发展的方向。

此外，掌握选择报道角度的有效方法，才能从一般的事物中锁定与众不同的角度。下面就从六个方面逐一举例说明。

第一，从同中求异。由于工作和形势的需要，新闻媒体不可避免地要重复报道社会生活中发生的某些相同或相近的人或事，在这种情况下，要想避免报道的"千人一面"，就要善抓特点。请看《企业家日报》2016年2月1日焦点版头条刊发的新闻《山东三煤企开启联合采购新模式》:

山东三煤企开启联合采购新模式

特约记者 王传钧

近日，为进一步降低采购成本、获取更大的采购规模优势，山东省济矿集团首次安排旗下的物资公司与兖矿集团、枣矿集团两大集团的采购中心强强联手，集中谈判采购，取得了良好效果，成为2016年山东煤企物资采购工作的新亮点。

1月21日，在兖矿集团物资供应中心，济矿集团物资公司与兖矿集团、枣矿集团采购部门开展了首次联合采购业务洽谈。此次谈判的对象是中国洗涤用品行业的龙头企业——纳爱斯集团。此次谈判的内容主要涉及洗化用品的价格、运输、结算及质量保证等几个方面。通过谈判，如果与纳爱斯集团合作，并充分发挥几大集团集中采购的规模优势，与目前物资公司正在合作的供应商相比，同等档次、同种规格的洗发水价格可下浮20%、皂类价格可下浮11.2%、洗衣粉价格可下浮11.4%、洗衣液价格可下浮30%。

据初步估算，济矿集团仅透明皂、皂粉两项物资全年可节约采购成本10万余元。并且，纳爱斯集团的产品可以保证从生产车间直达使用单位的仓库，对运输车辆全程GPS定位，避免了出现假货的可能性。

据悉，这种联合采购合作模式的开启具有三大特点：一是集小订单成大订单，利用更大规模效应，以量定价，发挥集体谈判的实力优势，进一步降低了采购风险；二是通过直接与制造商交易，摆脱了代理商的转手成本，实现生产厂家直供，减少中间环节，大大降低了采购成本，产品质量也得到了更大的保障；三是济矿集团、兖矿集团、枣矿集团不仅为自己降低采购成本找到了捷径，同时，也为其他煤炭企业度危求进做了有益探索和尝试，此举值得赞赏、借鉴。

第二，从一般中找特殊。许多事物既普通又平凡，看似没有新闻价值，但在特殊环境、特殊情况下，往往会产生新闻价值，甚至会产生很大的新闻价值。比如说下雨，这是一种自然现象，在通常情况下构不成新闻，但在持续久旱无雨的特殊气候条件下，一场淅淅沥沥的雨就变成了甘露，于是这场雨便会成为有报道价值的新闻，它解除了旱情、滋润了禾苗、复苏了万物。我们只有把日常生活和工作中某些平凡的事，放在特殊条件下去分析、去认识，才能发现它特殊的一面，从中看到它的新闻价值，从而确定从什么角度去宣传报道，以便放大它的新闻价值和借鉴意义。请看《齐鲁晚报》2013年12月18日城事版刊发的新闻《济

宁矿业集团首次颁发“总经理嘉奖”》:

济宁矿业集团首次颁发“总经理嘉奖”

本报济宁12月17日讯(通讯员　王传钧)　济宁矿业集团日前正式实施“总经理嘉奖”制度,这是济宁矿业集团成立十几年来第一次颁发“总经理嘉奖”。

12月15日,《济宁矿业集团有限公司关于实施总经理嘉奖的通知》下发到济宁矿业集团所属各企业,该通知决定对在2012年度工作中业绩突出、效果明显、贡献卓越的企业及管理项目进行嘉奖,嘉奖共计84万元。有两家企业和三个管理项目获得总经理嘉奖。

获得嘉奖的两家企业并不是该年度济宁矿业集团利润贡献最大的单位,而是经营效果突出、经济效益显著的企业,这两家企业就是花园煤矿和济矿民生热能有限公司。2012年1—9月份,两家企业都不同程度地亏损,济宁矿业集团在对两家企业班子成员调整后,新的领导班子成员调整思路,扭转了不利局面,带领企业稳扎稳打,实现了止亏、减亏的目的,交出了一份让济宁矿业集团满意的答卷。针对他们在2012年后三个月做出的成绩,济宁矿业集团分别给予花园煤矿、济矿民生热能有限公司班子成员19万元和7万元的奖励。

据悉,2012年8月,济宁矿业集团领导班子成员调整后不久,总经理张广宇就发现薪酬分配方面存在“平均主义”“大锅饭”的现象,并及时召集有关部门研究薪酬分配改革方案。根据要求,对企业班子成员薪酬实行年薪制,年薪在原来基薪和绩效薪金的基础上,又增加了“总经理嘉奖”一项。

第三,从正常中找异常。一些看似很正常的事,在其发展过程中也会遇到这样、那样的情况,这种正常中的异常情况,很可能会成为一条新闻,甚至会成为一条比较有价值的新闻。我们就是要抓住这些看似正常但又异常的情况,去确定报道的主题和选择报道角度。请看《企业家日报》2013年1月24日第11版刊发的新闻《花园煤矿:职工乐享“双休”待遇》:

花园煤矿:职工乐享“双休”待遇

本报讯　近日,从济宁能源集团花园煤矿传来好消息,该矿正式开始实行集产集休制度,职工们终于可以享受到真正意义上的“双休”待遇啦。

自2013年的第一个星期开始,该矿干部职工就在津津乐道一件大喜事:矿建9年来,矿上首次实行“集中生产、集中休息”制度,这可是职工盼望已久的好事。

据悉，自我国1995年5月1日施行每周5个工作日以来，煤矿企业的职工们虽已享受每周5个工作日的待遇，但为确保井下生产尽量不断线，该矿始终按照煤矿企业职工"轮休"方式执行。而花园矿实行集产集休不仅有利于和谐职工的家庭生活，对安全生产也有很大好处：一是有利于优化劳动组合，提高劳动效率；二是有利于实现产量与人员构成、机电设备、经济效益之间的最佳匹配；三是有利于提高机电设备利用率，减少运行时间和设备磨损，实行节能减排；四是有利于职工得到充分的休息和调整，确保安全生产；五是有利于减少企业非生产性支出等。

实行集产集休必须以管理高效为前提，为此，该矿制定了科学的《集产集休组织模式》和《集产集休运作方式》等制度。经过一个多月的试行，实现了7天生产任务放到5天去完成的管理目标。集产集休制度的实行标志着该矿企业管理水平又上了一个新台阶，表明该矿"以人为本"的管理理念深入人心，正以实际行动让职工们劳动得更体面、工作得更快乐、生活得更有尊严。**(王传钧　李贵生)**

第四，从偶然中找必然。偶然性和必然性是因果相关的，两者相互依存。因此，对某些事物的偶然现象，不能孤立地、静止地看，而要找出它们的必然联系。请看《济宁日报》2022年11月18日第3版头条刊发的新闻《济宁能源再添一张"国字号"名片　梁山港列入国家多式联运示范工程》：

济宁能源再添一张"国字号"名片
梁山港列入国家多式联运示范工程

本报通讯员　马　辉　路英杰　杨鲁宁

日前，《交通运输部办公厅　国家发展改革委办公厅关于公布第四批多式联运示范工程创建项目名单的通知》发布。其中，梁山港山东济宁"瓦日铁路—京杭大运河—长江黄金水道—东南沿海"大通道智慧绿色铁水多式联运示范工程入选，成为济宁市首个、山东省唯一上榜的内河港口项目，这也是济宁能源首个全国性示范工程项目，是济宁市五年来获得的首个"国字招牌"。该项目的实施，将对济宁市积极融入交通强国山东示范区，打造"公铁水海空"多式联运全国交通枢纽城市具有重大引领带动作用。

梁山港作为江北内河第一大港口、京杭运河最北端唯一通航的港口，通过打造“铁路＋水运＋集装化运输”多式联运立体运输体系，与京津冀、晋陕蒙相连接，通过大运河与“长三角”“长江经济带”相连接，在济宁市有效形成“公、铁、水”的无缝衔接。

借助梁山港打通“工”字形大通道
全力打造“北方内河航运中心”

从水洼地上“谋划建港”，到“前港后厂”的百亿园区，“无中生有”的梁山港从诞生到壮大，已走过了7个年头。

2014年，随着我国“西煤东输”重要的运煤铁路——瓦日铁路建成通车，梁山港原址一跃成为瓦日铁路与京杭运河联通的咽喉要地。

2015年4月，由传统煤电产业发展起来的济宁能源，把建设公铁水多式联运的梁山港作为新旧动能转换的重要突破口，开挖17.1公里航道，建设9.18公里铁路专用线，使世界第一条按30吨重载铁路标准建设的瓦日铁路与京杭运河在梁山县“手挽手”，打通了“工”字形多式联运的大通道。

2020年5月，以济宁能源为主体的济宁港航发展集团正式组建，目标锚定打造北方内河航运中心。随即，梁山港便逐步开始发挥出它独特的区位优势和航运价值。前不久，2000吨级满载船舶在梁山港集装箱码头顺利首航直达“长三角”，这意味着京杭运河具备2000吨级船舶满载航行条件的航道向北延长近57公里。“这样，水路的运能更大，而运费仅有铁路的三分之一、公路的七分之一，而且水路相比公路、铁路运输更为环保，污染少、耗能低。”梁山港党委书记、董事长陈哲说。

前三季度，梁山港“前港后厂”物流园区销售额实现112.51亿元，“贸易＋加工”实现双轮驱动，助力梁山港物流园区成为济宁能源发展集团（以下简称“济宁能源”）首个百亿级园区。

强港航、畅物流、兴产业
加快构建济宁多式联运交通体系

一组数字，呈现了济宁能源在现代港航物流板块的起势和大作为……

今年，济宁能源港航集团位列中国物流企业前50强第32位。1至10月份，港口货运量为1277.73万吨，同比增长10.57%；实现销售收入238.21亿元；集装箱运输量是同期的4.5倍。

近年来，济宁能源认真贯彻落实市委市政府决策部署，以“强港航、畅物流、兴产业”为己任，全力对接交通强国、一带一路、国家物流枢纽布局和建设规划，推进多式联运发展优化运输结构调整等战略，创新构建大物贸引领作战体系，以梁山港为龙头，加快港航资源整合，聚力重点项目攻坚。通过上控资源、中联物流、下拓市场，实现“港贸船产建融”等产业要素协同发展，全面提升港口综合枢纽能级。

依托梁山港的独特优势，该项目的实施将形成上游连通晋陕蒙等西北腹地，布局建设西部大宗商品供应基地，实现通道连通、渠道畅通，拓宽上游大宗商品货源市场，融入国家“双循环”发展战略。下游沿京杭运河到达苏浙沪皖、两湖一江等地，顺流而下可到长三角经济区出海，逆流而上可到江西、重庆等长江中游城市群和成渝经济区，极大地提升梁山港作为全国主要港口和京杭运河交通枢纽的地位。

“通过物贸引领和现代港航物流全产业链的逐步建立，济宁能源正加快向国内一流的智慧供应链集成服务商和能源物流产业服务运营商转型。”济宁能源党委书记、董事长张广宇表示。

第五，从比较中找新闻点。比较，是对比事物优劣、好坏的一种手段。新闻报道中运用分析比较的方法，对于增强新闻敏感、识别新闻价值，显得非常重要。请看《中国能源报》2020 年 6 月 29 日第 16 版刊发的新闻《长期经营不善导致未能按期清偿债务，破产重组在即——川煤集团能否起死回生?》：

长期经营不善导致未能按期清偿债务，破产重组在即——

川煤集团能否起死回生?

本报记者　武晓娟

一波未平，一波又起。

深陷债券违约泥潭的四川省煤炭产业集团有限公司（以下简称“川煤集团”）又有新消息。

6 月 11 日，川煤集团收到四川省成都市中级人民法院送达的民事裁定书。法院认为，川煤集团未能清偿到期债务，已明显缺乏清偿能力，具备破产原因。

法院认为，作为四川省最大的国有煤炭企业，煤炭产量占该省规模以上原煤产量近七成，川煤集团具有重整价值和重整可行性，裁定受理债权人对川煤集团的破产重整申请。中央财经大学副教授邢雷指出：“进行破产重整，剥离非常困难的资源枯竭煤矿,解决好遗留问题,并有一定的资金投入,川煤集团还是有望‘起死回生’的。”

债务违约逾80亿元

川煤集团于2005年组建,公司注册资本30亿元,拥有员工6万余人,是四川省唯一的煤炭整合主体,现由四川省人民政府国有资产监督管理委员会直接监管。川煤集团拥有川煤股份公司、攀煤公司、芙蓉公司、广能公司、达竹公司、广旺公司、威达公司、供销公司、勘设公司、益康公司等子公司,以及煤炭营销、物资供应等分公司。

2019年,四川规模以上原煤产量为3296万吨,川煤集团产量为2274万吨。但由于多方面因素导致资金链紧张,2016年年底,川煤集团出现首支私募债券到期无法兑付后,引起连锁反应,债券、金融机构等借款相继违约。

相关资料显示,2016年至2018年间,川煤集团累计债券违约9次,涉及金额近60亿元,截至2019年年底,公司逾期债务余额为81.56亿元。

“在供给侧结构性改革背景下,煤炭价格保持高位运行,2018年川煤集团实现利润转正,盈利2亿元。但2019年,再次转负,为-5.52亿元。今年受新冠疫情影响,一季度再次巨亏4.15亿元。近年来多次违约,导致公司流动性不足,可以看到川煤集团已经基本不具备偿债能力。”北京能研管理咨询有限公司技术总监焦敬平指出。

今年5月22日,债权人以川煤集团未能清偿到期债务,且明显不具备清偿能力为由,向成都市中级人民法院申请对其进行破产重整。

5年22起煤矿死亡事故

知情人士告诉记者,近年来川煤集团一直非常艰难,困难重重。

“一方面,本身煤炭资源条件不好,赋存条件差、资源枯竭、灾害重、开采难度大,同时,机械化效率提升缓慢,人工成本高,这些客观因素都使其背上了沉重的负担。另一方面,企业自身管理等也存在不足,经营出现差错,投资失误,债务沉重。”该知情人士对记者表示。

对此,邢雷指出,川煤集团当年投资的焦化厂、收购煤矿和其他一些投资项目严重亏损,以及债务违约造成融资难,是现在困难的重要原因。“未能抓住市场较好时做好调整,资金链断裂,融资困难,以至于有盈利预期的煤矿都无法投产。”

除了债务问题，川煤集团近年来也频现安全问题。有业内人士对记者表示，这与开采条件差有关，更与安全投入不足、岗位薪水低导致在职人员岁数大、文化水平低、难招高水平技术人员等情况相关。

去年12月14日，川煤集团芙蓉公司杉木树煤矿发生透水事故，造成5人遇难。国家煤矿安监局对其进行约谈时指出，近5年来川煤集团发生22起煤矿死亡事故、造成33名矿工遇难，暴露出川煤集团安全生产主体责任不落实、安全管理制度机制不健全、法规制度执行不认真、对四川省政府和国家煤矿安监局要求贯彻执行不力等问题。

“在煤炭行业进行供给侧结构性改革之前，这些企业就存在上述问题，但由于煤炭经济运行形势好转，问题暂时被‘遮蔽’了，煤价再次遇冷，问题注定会再次暴露。”焦敬平直言。他建议，政府应重视此类企业或将面临的风险，妥善处置有关企业债务，分类引导人员安置；企业也应加快资源条件差、盈利能力弱的产能退出，寻求新的转型路径。

第六，从逆向去思维。写作新闻作品时，多数人采取顺向思维、顺向谋篇布局，但如果变换一下角度，效果就会不一样。我们不应该满足于一般的浮光掠影的报道，也不要老是跟着别人跑，遇事要多动脑筋、多想点子。当采取顺向思维写不出文章来的时候，试着来个逆向思考，说不定会发现很有创意的大新闻。请看《大众日报》2013年7月8日第15版刊发的新闻《工人“考官”考倒安全副总　王楼煤矿打造全方位“安全考场”》：

工人“考官”考倒安全副总

王楼煤矿打造全方位“安全考场”

通讯员　崔　鑫　刘晨晨　郑天飞　　记者　李　振　报道

本报济宁讯　“安全副总被咱们矿工兄弟们考住了！”6月17日一早，山东能源临矿集团王楼煤矿采一工区的矿工们一上井就听到了这个“爆炸新闻”，赶忙聚到了井口大厅瞧热闹。

在井口设考场，矿工出题目，领导当考生，王楼煤矿将原本局限在试卷上的“安全考场”拓展至生产场所，并将矿区各层领导纳入考查范围。安全面前人人平等，如今王楼煤矿上下学安全、考安全蔚然成风。

“我们的安全副总密士廷平时待人没有架子，也很幽默，这回考试大家都爱考考他。”采一工区的矿工刘辉告诉记者。上井后，矿工们就把密士廷团团围住，向他抛出了一个又一个安全问题：“今年安全生产月的主题是什么？”“架空乘人装置运行速度不得超过多少米每秒？”“‘一炮三检’制度的内容是什么？”……密士廷的表现也相当抢眼，一口气答对了7名矿工出的考题。然而在回答完掘进司机韩庆义的问题“掘进机司机工作时有哪些要求”后，韩庆义却指出密士廷的回答不够准确，要求其进行补充。没有按要求补充完整的密士廷意外落败。“本来是想‘一战到底’的，没想到被咱们矿工的问题考住了。”密士廷坦言。

区长班前会提问、班组长施工现场抽查、安检处组织安全理论考试等几乎是煤矿矿工们的“家常便饭”。然而，作为直接统领生产一线安全工作的领导干部们却往往成了安全考查的盲区。此次，王楼煤矿便将“考官”与“考生”互换身份，构筑起更加全面的安全考查体系。

如此大费周章地在安全考查上做文章，王楼煤矿有其独特的考量。作为临矿集团在济宁的第一座新建矿井，2007年投入试生产的王楼煤矿，是临矿最年轻的现代化高效矿井，其年轻职工占了全矿职工的70%。“年轻人思想活跃，死板的安全宣教已经难以吸引他们的眼球。”王楼煤矿矿长肖庆华说。通过转换角色，让矿工做考官，能够从另一个侧面激励矿工掌握安全生产知识，提升他们参与安全学习的积极性，无形之中增强了一线职工的安全意识。

“矿工们出的考题五花八门，涉及了煤矿安全生产政策措施、安全常识和应急科普等多项内容。”密士廷笑说。有些矿工为了提出更难、更刁钻的问题，甚至把安全手册搬到了考场现场学习。这进一步要求领导干部要加强自身学习，更加熟练、全面地掌握安全知识。

“以前都是被领导考，现在咱也过了把考官瘾！”刚刚给生产副总出了道难题的准备工区矿工侯旺旺说。提问还能得奖品，工友们的热情更高涨了。仅考查当天，就有200多名矿工前来提问和领取宣传材料，各专业副总回答各类安全问题100余条。

据悉，下一步该矿还将通过安全故事会、安全电影、安全书画作品展等活动，不断加强对青年矿工的安全生产教育。

创新新闻报道角度，是与一般报道角度比较而言的，在选择时还应注意三个问题。

一是要突出一个“新”字。新是新闻的特征，是新闻的基本要求。新闻要以事实为主要基础，离开了事实就难以构成新闻。新闻要新，选择的报道角度也要突出新。因此，对于一些经常而又反复宣传的工作和主题，就要发掘新的角度，再从新的角度中选择好的角度。

二是要注重一个“引”字。新闻报道的职能之一，是对工作进行引导。因此，在选择报道角度上，要考虑主题的需要，要考虑对工作的引导和启示作用。如果离开了引导作用，一味去追求“新、奇、特”，就失去了新闻报道应有的意义。

三是严禁一个“偏”字。选择好的报道视角应该从新闻的基本事实出发，切忌离开最基本的新闻事实，搞人为的“贴金”，甚至依“气候”选择角度。如有的工作明明是过去做的，但一个时期上级强调某一精神，这时为把过去的工作报道出去，硬是把新闻事实贴上某一精神“标签”去宣传，这是新闻的大忌。因此，选择报道视角，一定要从实际出发，严禁乱贴“标签”，严禁“移花接木”。

第四节　善于到线索中抓“活鱼”

新闻界通常把采写新闻形象地比作“抓活鱼”。“多抓鱼，抓活鱼，抓大鱼”，是广大通讯员的迫切愿望。怎样做才能把愿望变成现实呢？

一、弄清哪里有“鱼”

单从有无鱼的角度说比较简单，稍有常识的人都懂以下几个地方有鱼：一是网箱和鱼塘里有鱼。这里的鱼不但个头均匀、密度大，而且很容易抓。二是江河湖泊和大海里有鱼。这里的鱼不但品种多，个头大、价值高的也多。三是小河沟和山涧、小溪里有鱼。这里的鱼几乎都是杂鱼，个头小的鱼多、大的鱼少，价值高的难找且难抓，看得见、容易抓的大多价值较低。

从采写新闻上讲则显得复杂些。上面说的第一种“鱼”可以看作依照人的安排或设定而发生的预设性事件新闻，如我国神舟系列飞船的发射、飞行、返回，2022年北京冬季奥运会等。

第二种“鱼”可以看作人们事先没有料及或者没有先兆而突然发生的重大新闻事件和区域、局部性新闻事件。如2008年5月12日的汶川大地震，2014年3月8日的马航MH370空难，2023年3月21日的贵州突发煤矿事故导致6人遇难等。

第三种“鱼”可以看作需要认真挖掘才能发现的普通新闻事件。这类事件可发生在任何地点和时间，涵盖社会、政治、经济、文化、科技等所有领域。如梁山港迎来首季“开门红”、山东滕州“红新驿站”启用、运河煤矿服务职工走心更暖心、寿张集镇构筑“酒曲＋电商”营销模式、山东三煤企开启联合采购新模式、济矿集团开启结算无纸质现金交易时代等。

二、知道去哪里抓“鱼”

预设性事件既然是由人安排和设定的，事件的对外宣传工作也自然进行了“安排和设定”。如我国神舟系列飞船的发射、飞行及返回，是科学家们设定好的，媒体提前在发射、监控点做好了报道事件的各项准备；北京2015年就已拿到2022年冬季奥运会的举办权，从那时起，数以万计的人们就开始对这件事进行策划、设计和准备，各国媒体更是提前数年就在策划自己的报道方案。

突发性事件大致可划分为两类：一类是事发局部但影响全国甚至更大范围的大事件，如汶川大地震等；二是事发局部且其影响力也受到一定局限的事件，如2009年年底黑龙江龙煤集团鹤岗分公司新兴煤矿发生的特大瓦斯爆炸等。以上类似事件虽说有其突然性，但只要发生，全国各大新闻媒体和事件发生地的省级以及地市级媒体必然立即作出反应，派出得力记者赶赴事发地点进行采访，后方的“指挥员”则根据前方的采访情况迅速制订报道计划，若有必要还将制定更进一步的深度报道方案。以近年发生的南方多省遭受冰冻灾害为例，当时除中央媒体外，河南、湖北、湖南、广东、广西、云南、贵州等多个省（区）以及这些省（区）内的许多地市级媒体都加入了报道行列。

随时随地发生的普通事件，大多要经过认真挖掘和精选才能成为新闻事件，专业记者尤其是中央和省级新闻单位的记者，其工作性质决定他们不可能长时间待在某地等事件发生，即便偶尔去一次也不见得能发现好的新闻素材。

从以上叙述中不难看出，“网箱”和“鱼塘”里的“鱼”，通讯员是不可能去抓的，因为广大通讯员尤其是初上路的通讯员大多工作在基层，信息不够灵，知名度不高，采访、写作技巧还未完全掌握，你自己不可能去养“鱼”，别人一般也不会请你去抓“鱼”，你只能眼巴巴地从新闻媒体上看着那些专业记者抓“鱼”。“江河湖泊”和“大海”里的鱼很多，按常理说通讯员也可以去抓，但实际操作起来没那么简单，个头大、价值高的“鱼”基本上被专业记者给抓了，因为专业记者既有强大的新闻媒体平台支持，也有各级领导的安排和部门相助，这就等于为专业记者提供了捕鱼工具，他们抓大“鱼”的水面宽、办法多，他们的基本功也扎实，一般不出手，出手就会有所收获。因此，缺少工具的通讯员想到这些地方抓“鱼”的机会很少，抓到“鱼”的概率也很低。而“山涧”、“小溪”和“小河沟”里的“鱼”最容易被通讯员抓到，因为通讯员扎根在基层，与广大人民群众联系多，接触面也广，随时随地发生的事件很容易成为通讯员的囊中物。

三、清楚线索的“藏身之地”

如此说来，抓“鱼”也并非什么难事，重点是寻找到新闻线索。新闻线索是通讯员发掘新闻题材的凭据，发掘出好线索，是成就好新闻的关键。当然，如果找不到新闻线索，就不知道该写什么，也就没有可写的新闻，这也是很多通讯员的困惑。那么，如何在实践中寻找到、发掘出好的新闻线索呢？事实上，许多新闻线索就藏在我们的日常生活和工作当中，藏在不引人注意的琐碎小事中，藏在突发的事件中，藏在与人不经意的闲聊中。只要我们用心去观察、用心去捕捉、用心去感受、用心去发现、用心去发掘、用心去筛选，不放过耳闻目睹的每一件小事，就会“逮”到新闻线索。

（一）到会议中“抓”线索

作为通讯员，一定会经常参加各种大小不一的会议，报道一些会议新闻。会议是信息极为丰富的地方，是传达、贯彻上级指示精神、反映群众呼声的重要载体，也会为通讯员提供源源不断的“活水”。但怎么发掘会议新闻，是很多通讯员的困惑。要从会议上获取新闻，就必须全方位了解会议所传达出的信息，认真分析、甄别，进而找到新闻线索。有些会议只做常规性报道已足够，有些会议则可做进一步挖掘和延伸。通讯员要练就一双“新闻眼”，要打破就会议报道会议的思想局限，要跳出会议写新闻；要善于从会议现场发生的一些小插曲和花絮中，以及会议发言、简报、通知、文件中获取更多的新闻线索。请看《中国矿业报》2015 年 2 月 26 日矿山企业版头条刊发的新闻《济矿集团去年实现五项突破》：

济矿集团去年实现五项突破

王传钧

本报讯 近日，从山东省济宁矿业集团年度总结会上获悉，在 2014 年煤价下降 140 余元的情况下，济宁矿业集团实现销售收入 42.86 亿元、利税 8.37 亿元、利润 2.24 亿元，圆满完成了市国资委下达的目标任务。尤其是吨煤完全成本同比降低了 59.01 元，降幅达 14.08%，可以说，济宁矿业集团在全国煤炭行业效益下降、亏损煤企增多的大环境下打了一个“漂亮仗”。

据济宁矿业集团总经理张广宇介绍，之所以能在严峻的形势下取得好成绩，主要是因为他们在 2014 年的工作中实现了“五项突破”。

吨煤成本实现突破。面对煤价持续下滑的严峻形势，济宁矿业集团开展了从 15 个方面降成本活动，建立了全员、全过程、全方位、全要素的成本管理网络，做到了成本管理从领导层、中层干部、区队长、班组长到一般员工的层层传递。济宁矿业集团所属企业阳城煤电签订成本控制目标责任状，分成五大板块 18 条线控制成本，吨煤完全成本比 2013 年降低了 37 元；花园煤矿开展“优化设计、依托基层、双增双节”活动，吨煤完全成本比 2013 年降低了 93 元。

安全周期实现突破。2014年以来，济宁矿业集团所属各企业认真贯彻落实上级安全生产指示精神，围绕集团公司年度安全工作意见，严格落实责任，强化现场管理，克服了工作面全年27次安全撤离、频繁过断层、人员流动快等管理难点，集团公司全年杜绝了人身伤亡事故及较大非人身事故，实现了打造安全年的目标。

改革工作实现突破。这里主要包括四个方面的内容，第一是"三项制度"改革进一步深化。今年以来，济宁矿业集团对企业三项制度改革进行了顶层设计，对工效挂钩、薪酬分配、干部交流进一步深化提升，干部能上能下、员工能进能出、收入能增能减的机制初步形成。2014年12月15日，济宁矿业集团三项制度改革经验被《中国煤炭报》"深度"栏目整版报道。第二是物资集中管控改革由蓝图变成现实。经过近两年的充分酝酿、系统研究、局部试点，济宁矿业集团年内对所有的煤矿企业物资实行了集中管控。第三是营销体制改革成效显著。为应对煤炭市场转方式、调结构的新形势，济宁矿业集团成立了营销分公司，10个月实现近10亿元的销售收入，利润达2000多万元，为煤炭物流项目运作打下了坚实的基础。第四是科技创新、技术改造项目成绩斐然。济宁矿业集团对阳城电厂进行了升级改造，获得区域战略推进专项资金800万元，脱硝改造获得每度1分钱的政策优惠，全年可增收1500余万元；建设了义桥煤矿、安居煤矿洗煤厂，新增效益3000万元；开展了支护改革活动，节省直接材料费用1000余万元；积极争取项目改造资金，运河煤矿、阳城煤矿、义桥煤矿分别获得370万元、965万元和820万元的国家补助，年内利用升级改造项目争取到的扶持资金近5000万元。

经营管理能力实现突破。济宁矿业集团逐步建立、健全各类考核体系，加强经济运行工作的预测和分析，强化了对经济运行出现问题企业的督导和监管；严格落实"三个1/3"和"355"考核要求，及时收集市场信息、预测市场走势，快速适应市场，全年实现了产销平衡；强化预算的实施和管理，加大降本、降费力度，加强了对资金归集、支付的动态监控，最大限度地发挥了资金效益；稳妥完成了平安集团股权退出工作，在缓解集团公司资金压力、保障资金链条稳健的同时，节约财务费用707万元。

"311"规划实现突破。年初规划的"311"项目建设全面开花。梁山煤炭物流项目开工建设，进展迅速。海纳科技年内实现了收入1.55亿元、利润1000多万元、吸引投资1500万元的既定目标；煤焦化、煤电化两个园区虽在艰苦的拉锯中，但也曙光在前；朱家峁煤矿项目建设再次提速，10月31日顺利试生产，省外资源开发基地建设迈出了坚实的一步。落陵棚户区改造项目建设稳步推进,九矿置业书香园主体建设工程全部封顶。"退城进园"工作进展顺利,钢铁厂、煤机厂、园区分公司、供销公司可获得补偿资金2.5亿元,可有效解决一些历史遗留问题。

(二)到讲话中"揪"线索

各级领导每年都会出席各种会议,开展走访、调研等活动。无论是会议还是各种活动,领导都会讲话、做出重要指示和提出要求。领导在讲话中往往会脱稿即兴发挥,这些即兴发挥中就可能包含极有价值的新闻线索,从而成为新闻的主题。各级领导人的讲话带有全局性、前瞻性、专业性、指导性,只要我们认真阅读、剖析和挖掘、准确把握领导讲话的内涵和精神实质,就能发现非常有价值的新闻线索。请看《中国矿业报》2019年2月16日矿山企业版刊发的新闻《济宁能源发展集团总经理张广宇呼吁:支持煤炭企业转型发展》:

济宁能源发展集团总经理张广宇呼吁:

支持煤炭企业转型发展

本报讯 在近日召开的中国人民政治协商会议第十三届济宁市委员会第三次会议上,济宁能源发展集团党委副书记、总经理张广宇作为经济界委员积极履职,多方呼吁政府关注、支持煤炭企业转型发展。

张广宇在发言中分析了当前济宁市煤炭企业转型发展的迫切形势,直言不讳地指出了当前制约煤炭产业转型的问题,特别是在帮助企业转型发展上存在认识误区,呼吁政府和社会各界进一步关注、支持煤炭企业转型发展,并提出三条建议:一是以解放思想促进煤炭产业转型,二是搭建煤炭产业转型升级的平台,三是大力发展煤炭物流带动转型升级。济宁市领导和市政协全体委员认真聆听了张广宇的发言,并报以热烈的掌声给予肯定。委员们认为,作为企业代表,张广宇的议政发言精练简洁、言之有据,分析问题不遮掩、坦陈灼见不务虚,说出了大家的心里话。

在市政协十三届三次会议经济一组、经济二组联组讨论时,济宁市委副书记、市长石光亮参加并听取政协委员的意见和建议。张广宇建议大力推动梁山铁水联运项目建设,利用大运河通江达海优势功能,打通西接晋陕蒙、南通江浙皖的物流大通道,以物流产业融合发展促进煤炭企业转型,做好五个结合文章:一是物流与金融结合,推动银行降低贷款利率,降低金融交易成本;二是物流与仓储结合，减少煤仓储过程中产生的相关费用；三是物流与运输结合，通过运河运输，将增大吞吐量、节省更多运输成本；四是物流与制造业、加工业结合，通过集装箱、船只的制造、维修，推动加工制造业发展；五是物流与旅游业结合，实现煤炭企业转型升级。

石光亮对此建议表示赞同，并要求各级、各部门要为项目建设营造良好环境，切实把支持企业发展的各项优惠政策传达到位、落实用好，尽心尽力助推企业做大做强，助推济宁实现高质量发展。**（王传钧）**

（三）到材料中“挖”线索

通讯员平时应多读读各级、各部门领导的发言材料，尽量多读几遍，详细了解、领会会议材料中的深意，认真地进行分析、研究，发现亮点、挖掘特色。首先要懂得哪些是重点、哪些是亮点，哪些要详写、哪些要略写，然后才能考虑角度和立意的问题。这样就不会感到“巧妇难为无米之炊”，就会兴奋地发现“生活处处皆新闻”。最讨巧的方法是，先把材料整理成初稿，然后将其中的关键字圈出来，再从这些关键字中找到最合适的一个作为主题，集中火力，围绕中心写文章。请看《中国能源报》2018 年 3 月 5 日第 15 版刊发的新闻《济矿集团打造物贸新增长极》：

济矿集团打造物贸新增长极

本报讯　日前，从山东济矿集团 2017 年总结表彰暨 2018 年经营工作会议上传出消息，在转型发展的过程中，该集团非煤产业板块将在前期落陵盛源控股公司成功运营的经验和基础上，争取用 3～5 年的时间，把济矿物资公司打造成一个有规模、有市场、有竞争力的物资集团，把济矿营销公司打造成具有一定实力的物贸集团，以实现非煤产业“1＋1＞2”的运营态势。

据该集团总经理张广宇介绍，济矿物资公司要按照重贸易、轻资产的原则，通过集中采购的规模效应，撬动物流平台搭建、电子商务贸易、高效配送和柔性化服务，打造济宁地区乃至鲁西南地区物资供应价格低洼地，带动济宁近亿吨产能以及与煤相关产业在该集团物资平台的消费意愿和能力。

同时，济矿营销公司可以借助物流建设的平台，整合各类资源，积极与山能、兖矿联合，拓宽销售渠道；加强与煤钢、煤焦、煤与建材、煤与化工等上下游企业的合作合资，积极沿瓦日铁路线和运河经济带开拓市场，形成大营销格局。**（王传钧）**

（四）到聊天中“拉”线索

俗话说:“多一个朋友,多一条路”。要想获得更多、更好、更有价值的新闻线索,通讯员就必须广交友、多涉猎、广撒网、勤沟通。要与自己所采访报道的行业和领域的人士交朋友,构建自己的“关系网”,让他们随时给你提供有价值的新闻线索。同时,在同他们的谈话中获取新闻信息,为自己发现新闻线索开拓崭新的空间,提供充满活力的源泉。通讯员应该养成无论在什么地方、什么时候都能采访的习惯,“我不在采访就在采访的路上”,这应是通讯员的职业心态和职业作为。下面这篇新闻就是我在与同事聊天时得到的线索,请看《企业家日报》2018 年 3 月 26 日第 2 版刊发的新闻《济矿集团开启结算无纸质现金交易时代》:

济矿集团开启结算无纸质现金交易时代

本报讯　自 3 月 1 日起,山东济宁矿业集团为规范资金收、付流程管理,紧跟电子化交易的发展趋势,积极创新结算方式,通过与济宁市多家银行对接、探讨,并有效借鉴市场金融手段,顺利实现了集团层面各单位结算无纸质现金化交易,彻底淘汰了现金岗位,实现了人员转岗整合。

观念是推动发展的动力源泉。现金收、付款交易存续具有长远的历史,如何借用现代的交易手段,规避现金交易带来的管理风险、存储运送风险、盘点识别风险,摆脱现金人员繁重的基础操作工作量的工作难题,始终摆在济矿集团财务人员的面前。

春节开工后,济矿集团财务部积极对接各大银行,研究企业电子化交易模式,通过多方比对、分析,最终确定使用中国工商银行二维码收款方式替代现有收取现金业务,通过企业网上银行进行汇款处理付款业务。此举使济矿集团达到了无纸质现金化交易,有效规避了交易的时间、空间限制,杜绝了现金收取、存放过程中存在的风险,节约了时间成本,提高了支付结算效率。

据悉,该集团各权属企业今后将陆续推进结算无纸质货币化交易进程。**(王传钧)**

（五）到广告中“掏”线索

在我国,虽然电脑、智能手机早已普及,但很多人依然保持着看书、读报的习惯。报纸上有广告,广告中还有不少是关于招贤纳士的招聘广告,你有没有注意过此类广告?你有什么反应?一扫而过、置之不理,还是看看开头、瞅瞅结尾?还是那句老话——处处留心皆新闻。广告里面也藏着新闻,我们也应该从报纸的广告中发现亮点特色、“掏”出新闻线索，并写出宣传报道。请看《中国煤炭报》2015 年 12 月 7 日第 1 版刊发的新闻《济宁能源非煤企业面向社会招职业经理人》：

济宁能源非煤企业面向社会招职业经理人

本报讯　近日，山东济宁能源发展集团对参加下属非煤企业佛都照明公司职业经理人竞聘者进行了测试，综合成绩前两名的人员进入组织考察阶段。这标志着济宁市国有非煤企业迈出了向社会招聘职业经理人的第一步。

招聘前，济宁能源集团在《羊城晚报》、《大众日报》、《齐鲁晚报》、《济宁日报》、智联招聘、赶集网、集团网站、微信公众平台广泛发布招聘公告，共有 145 人报名，经审查 21 人符合招聘条件。

竞聘当天，共有 11 名符合条件的应聘者参加竞聘。测试分为综合知识测试、组织能力测试、无领导小组讨论测试三个环节。

参与招聘的 11 位评委中有 8 位是专门从外部聘请的行业专家。测试成绩则由该市国资委两位监事负责统计汇总，济宁能源集团纪委和佛都照明公司监事负责现场监督，济宁市纪委派出人员进行巡视监督。

济宁能源发展集团是济宁市属国有独资公司，是以煤炭为主业，集电力、化工、机械制造、物流、新能源等于一体的大型企业集团，注册资金 13.75 亿元。现拥有全资、控股及参股子(分)公司 50 余家，总资产 198.88 亿元，员工 1.7 万余人。**(王传钧)**

(六) 到生活中“挑”线索

新闻线索的获取没有定式，对于通讯员来说，所见所闻、切身感受，通常被认作获取新闻线索的基本途径。只要多留心观察、认真挖掘，日常生活绝对是获取新闻线索的重要来源。通讯员在走路、乘车、聊天、逛街的过程中，要学会“眼观六路，耳听八方”，对周围发生的一切事物都要多注意、多关注。在随意交谈中、在街谈巷议中、在餐馆就餐时、在外出旅游时、在低头刷朋友圈时、在回家途中等等，所有跟日常生活息息相关的场所，都可能存在新闻线索，就看你善不善于发现、捕捉，会不会挖掘、筛选。请看《济宁日报 · 都市晨刊》(《济宁晚报》的前身)2011 年 3 月 4 日新鲜事版刊发的新闻《煤炭销售现良方　广告打到 QQ 上》：

煤炭销售现良方　广告打到QQ上

本报讯(通讯员　王传钧)　近日，笔者在上QQ时无意中发现，有些从事煤炭营销工作的人员开始瞄准“虚拟世界的煤炭交易市场”，他们利用网络聊天工具，在QQ群中向潜在的煤炭客户“抛绣球”。

笔者在“中国煤炭网”的QQ群中看到，有位叫“天生我财”的网友已在2月28日至3月3日这段时间里连续多次上传出售煤炭的信息，信息中将其所售煤炭的发热量、灰分值、挥发分以及含硫量等逐一进行了说明，而且还对外代开山西煤炭增值税发票、内蒙古煤炭增值税发票、柴油增值税票等，并留下了自己的手机号码，表现出了极大的诚意。而叫“南五基业”的网友则更加简练直接：××煤业长期销售××矿的籽煤（挥发分28%，硫分0.8%，热量6200 cal以上）和面煤。蒙精煤块、籽煤、面煤，籽煤热量保6000 cal。电话1331305××××。

众多网友对此反应不一，有的网友对上传信息者的态度是好言相劝，劝其早点退出该群；有的网友佯装没有看见，对此类信息置之不理；有的网友则建议其找到固定客户后再进行私聊，不要毫无目标地往公共群里发“垃圾信息”；还有的网友比较开明，他们深知网络营销的巨大作用，鼓励该煤炭营销人员继续努力，充分利用网络资源挖掘出更多的潜在客户。

对此，笔者咨询了济宁矿业集团煤质运销部的梁开锋科长。他说，利用QQ上传煤炭销售信息，实际上是在做煤炭广告，这种销售方式很新鲜，属于“广种薄收”型。不过，他对这种通过QQ上传煤炭销售信息的做法持怀疑态度，主要是对其真实度提出了质疑，因为目前的煤炭销售方式主要还是客户亲自到煤矿上去采购，这样，客户可以现场化验煤炭的质量。

毋庸置疑，通讯员想要获取更多的新闻线索，就要注意一些可能产生线索的信号，通过多种渠道进行搜索，做生活中的有心人，时时处处留心观察，认真捕捉，潜心思考，不放过任何一个有价值的新闻线索，始终做到“耳勤、眼勤、腿勤、手勤、脑勤”，才不会让好新闻从身边“溜走”，才能不辜负领导的信任、单位的栽培、时代的重托。

第五节　静待大潮退去捡“活鱼”

2016年2月19日，习近平总书记在党的新闻舆论工作座谈会上指出：要转作风改文风，俯下身、沉下心，察实情、说实话、动真情，努力推出有思想、有温度、有品质的作品。新闻用不着去创造，只需你我耐心地去找寻和发现。人们通常把透过现象看本质形象地比作“大潮退去现真容”，琢磨起来很有道理：世界上的事物五光十色、纷纭复杂，就像鱼儿混杂于水中，只有潮水退去，实质性的东西才可能显现出来。而更为重要的是，我们通讯员必须善于把握“大潮退去”这一黄金时段，并通过事实的“大潮退去”捡到新闻的“活鱼”。

一、废旧文件堆里扒“活鱼”

2013年2月末，我到集团科技信息中心办事时，在一摞废旧文件里发现了一份《安居煤矿千米埋深高应力矿井巷道围岩稳定监控技术》的项目介绍，随手抽出来看了几眼，同事告诉我说，安居煤矿的这个技术不错，还被省煤炭工业协会鉴定为国际先进。说者无心，听者有意。国际先进！我立刻意识到“又发现新闻线索了”。

于是，我直截了当地问：“这个材料，我可以拿走研究研究吗？”同事说：“这些材料都是些废旧材料，好的都已经装订完存档了，你拿走就是！”“好的，我看看能不能写点东西。”

回到办公室，我便开始研读起这份材料来。后来，在很短的时间，我便写出《安居矿巷道稳定监控技术达国际先进水平》的消息稿，3月1日即投给《大众日报》。金子总会发光的，“好东西”也总是会被编辑“捕获”的。省级媒体《大众日报》3月4日便刊发了。随后，凤凰网、新华网、中国日报网等纷纷予以转载。请看《大众日报》2013年3月4日综合版刊发的新闻《安居矿巷道稳定监控技术达国际先进水平》：

安居矿巷道稳定监控技术达国际先进水平

通讯员 王传钧 记者 左丰岐 报道

本报济宁讯 日前,济宁能源发展集团安居煤矿的千米埋深高应力矿井巷道围岩稳定监控技术,经省煤炭工业协会组织的专家组鉴定达国际先进水平。

安居煤矿作为济宁能源发展集团的第一座千米深井,面临地压大、支护难题突出的实际情况。他们这一研究成果为安居矿井下巷道硐室施工提供充分有力的理论依据,针对性地进行巷道施工及支护设计优化,提高巷道抗压抗变形能力,保障巷道硐室工程质量,大大提高了井下矿工的安全系数。

二、探出新闻触角寻"活鱼"

作为通讯员,也许我们常常因为找不到可写的亮点新闻而烦恼。其实很多新闻资源就在你我身边,新闻素材也到处都有,重要的是要具有敏锐的新闻触角,并探出触角。一个善于寻找新闻的通讯员要养成随时随地挖掘潜在新闻素材的良好习惯。下面从八个方面举例说明,希望能起到抛砖引玉的作用。

(一)从特殊荣誉上发现新闻

请看《华矿安全报》2014 年 3 月 17 日第 4 版刊发的新闻《〈济宁能源报〉喜获中国品牌内刊 2013 年度全国内刊评选"好报纸"一等奖》:

《济宁能源报》喜获中国品牌内刊 2013 年度全国内刊评选"好报纸"一等奖

本报讯 3 月 10 日,从首都北京中国内刊协会获悉,由中国内刊协会主办的中国品牌内刊·2013 年度全国优秀内刊评选结果已经揭晓,济宁能源发展集团有限公司主办的《济宁能源报》从 1200 多家参评单位的报纸中脱颖而出,荣获 2013 年度全国内刊评选"好报纸"一等奖;同时,刊发在 2013 年 4 月 17 日《济宁能源报》(第 114 期)第 2 版头条的新闻稿《担压力 长能力 显魄力 弃被动 谋主动 强自动 济矿集团煤质运销部打出漂亮"组合拳"》(作者:王传钧、李方明)荣获 2013 年度全国优秀内刊评选"好标题"二等奖。

据了解,中国内刊协会是内部报刊持有单位的行业组织,是内部报刊的全国性、专业性服务平台,在业内享有盛名。全国优秀内部报刊评选是中国内刊协会的一项品牌活动,旨在促进我国企事业单位的内部报刊的发展,已连续开展多年。本次评选活动历时三个月，共设置好报纸奖、好杂志奖、好专栏奖、好标题奖、文化纽带奖5个奖项，吸引了包括腾讯、海尔、茅台、中行、招行、中粮、TCL、长虹、波司登、皖北煤电、红蜻蜓、创维、武钢、柒牌、东阿阿胶、汾酒、水井坊、莲花味精等1200多家企、事业单位的参与。主办方成立了由在大型国企、政府部门任职多年的宣传骨干和资深媒体专家组成的评审委员会。经过多轮的打分评议，首次亮相参评的《济宁能源报》以其简洁大气的版式设计和专业独特的报道风格斩获了"好报纸"一等奖，是为数不多的"后来者居上"的企业报之一。

据悉，《济宁能源报》的前身是《济宁能源发展报》，创刊于2008年9月28日，2011年1月1日正式更名为《济宁能源报》，由四开小报改扩版为对开四版大报，不仅成倍扩充了报纸的版面容量，在办报理念、栏目设置、版面设计、印刷效果等方面也都有了较大幅度提升，形成了每月两期的出版周期。目前，《济宁能源报》已成功出版了136期。该报积极宣传集团公司安全生产和改革发展成就，合理反映职工心声意愿，为读者提供营养丰富的精神食粮，较好地发挥了舆论引导和凝心聚力的作用。**(王传钧)**

（二）从企业改革发展的关键节点和重大决策中发现新闻

请看《企业家日报》2016年6月6日第2版头条刊发的《山东济宁国企改革大幕拉开　采用"3＋2＋N"管理模式》：

山东济宁国企改革大幕拉开　采用"3＋2＋N"管理模式

特约记者　王传钧　济宁报道

近日，中共山东济宁市委、市政府印发了《关于〈济宁市市管企业重组整合实施方案〉的通知》。这是该市今年指导和推进全市国有企业改革的重要文件，也是深入贯彻落实中央和山东省委、省政府深化国企改革、完善国资管理的决策部署，以及进一步深化济宁市国有企业改革任务的重要举措。由此，山东济宁国企改革大幕正式拉开。

市管企业采用"3＋2＋N"管理模式

济宁市国企改革的总体框架是：根据目前市国资委监管的14户市管企业情况，结合市属经营性国有资产统一监管工作，将市管企业进行有效重组整合，建立"3＋2＋N"的市管企业管理模式，即改建3户国有资本投资运营公司、明确

2户市管一级企业、将N户纳入统一监管的企业,合理配置资源,完善统一监管和运行机制,形成市管企业发展基本框架。国有资本投资运营公司、市管一级企业及纳入统一监管的企业,可根据国企改革发展的情况变化,适时进行调整。

济宁能源发展集团有限公司

济宁市国资委持有济宁矿业集团有限公司(以下简称“济矿集团”)75.51%的股权划归济宁能源发展集团有限公司(以下简称“济能发集团”)持有,整体并入济能发集团。重组整合完成后,将济能发集团改建为国有资本投资运营公司,为发挥济宁地方资源优势、促进区域经济社会发展提供有效支撑。

山东公用控股有限公司

济宁市国资委持有山东聚源热力有限公司100%的股权划归山东公用控股有限公司(以下简称“公用控股公司”)持有,整体并入公用控股公司。济宁市饮食服务公司整体并入公用控股公司。济宁市煤气公司持有济宁华润燃气有限公司40.90%的股权划归公用控股公司。

重组整合完成后,将公用控股公司改建为国有资本投资运营公司,推进整合市城内供水、供热、供气资源。加快推进公用控股公司重要权属企业山东公用集团有限公司整合同类资源实施上市。

济宁市国有资产投资控股有限公司

济宁市国资委持有山东如意毛纺集团有限公司16.13%的股权划归济宁市国有资产投资控股有限公司(以下简称“济宁国投公司”)持有。重组整合完成后,将济宁国投公司改建为国有资本投资运营公司。

山东鲁泰控股集团有限公司

明确山东鲁泰控股集团有限公司(以下简称“鲁泰控股集团”)为市管一级企业,重点发展“煤炭、盐化工、生产服务、电商物流”四大业务板块。在大股东信达资产管理公司支持下,全力推进鲁泰控股集团实施改制上市。

济宁市公共汽车公司

明确济宁市公共汽车公司为市管一级企业,着力推进实施公司改制,组建济宁公共交通集团有限公司(暂定名)。建立城市公共交通运营补偿及投入机制，推进公交优先发展战略，全面提升公共服务能力和水平。

N户纳入统一监管的企业

根据市属经营性国有资产统一监管工作安排，按照市政府分类分批批准的纳入统一监管的市属国有企业名单，对企业规模较大、领导班子健全、资产优良、运作规范的，作为市管一级企业；对企业规模较小、经营稳定、班子健全、运作良好的，根据产业相近、业务相关、优势互补的原则，产权划入市管国有资本投资运营公司或其他市管一级企业；对其他包括事业单位出资的企业，以及事业单位改制为国有企业的，待条件成熟时纳入统一监管范围。

其他市管企业按照市委、市政府安排及时划转市属国有股权进行重组整合。

重组整合的四项基本原则

据了解，为更好地适应经济发展新常态，调整、优化国有资本布局结构，高效配置国有资产资源，加强国有资本监管，提高国有资本运营效率，增强市管企业发展活力，按照全市深化改革安排部署和市属国有企业改革有关规定要求，制订了《济宁市市管企业重组整合实施方案》。重组整合的基本原则主要包括四项：

第一，着眼全面覆盖，坚持稳步推进。对市属国有资本全面纳入监管范围，结合市属国有企业改革、事业单位分类改革等情况，稳步推进经营性国有资产统一监管，适时开展企业重组整合工作。当前，重点是对市国资委履行出资人职责的14户市管企业实施重组整合。

第二，着眼战略需要，优化布局结构。根据全市发展战略目标要求，推进国有资本有进、有退，重点向矿产资源、基础设施、公用服务领域配置。针对新的发展需要，以资本为纽带对现有企业进行重组整合，组建新的功能性集团公司。

进一步明晰国有企业功能定位和职能设计，促进企业资源配置与功能定位相统一、政府引导与市场化运营相结合，更好地发挥市场机制作用，提升国有资本在关键领域的重要作用。

第三，着眼资源配置，提升运营效率。按照现代企业制度建设要求，推进企业建立健全“三会一层”（“三会”即股东会、董事会、监事会，“一层”即经理层）运行机制。采取多种形式推进企业股权多元化，大力发展混合所有制经济。

第四，着眼保值增值，完善防控机制。建立健全企业内控与外部监管、定期考核与当期监督相结合的风险防控机制,确保国有资本健康运营。

市管企业重组迈出实质性步伐

济宁市委常委、副市长于永生近日在全市深化国有企业改革工作会议上指出,各级、各部门、各企业务必要强化思想认识,创新思路举措,突出重点,把握关键,扎实做好国资、国企改革各项工作。要结合企业实际,制定分类方案、动态调整机制和经营业绩考核评价体系,分类推进国有企业改革。要健全公司法人治理结构,实施企业领导人员管理体制改革,深化企业内部改革,严格落实企业社会责任,全面建立现代企业制度。要着力改进国资监管模式,加快推进国企股权多元化,不断强化国有资产监督,建立完善国有资产和国有企业信息公开制度。要加强和改进党对国有企业的领导,切实形成深化国企改革整体合力,尽职履责,协调配合,推动国资、国企改革发展实现新突破。

目前,山东聚源热力有限公司、济宁市煤气公司、济宁市饮食服务公司的签约代表在监交方代表济宁市国资委副主任张如勇的见证下已经与山东公用控股有限公司签约代表签署了交接文件,这意味着济宁市市管城市公用企业的重组整合已迈出了实质性步伐。

(三)从非煤产业合作双赢中发现新闻

请看《中国建材报》2021 年 3 月 10 日第 4 版刊发的新闻《山东济宁港航钢铁物流加工基地项目开工》:

山东济宁港航钢铁物流加工基地项目开工

本报讯 山东省济宁市 2021 年重点项目一季度集中开工仪式暨济宁港航钢铁物流加工基地建设项目奠基开工仪式日前在济宁梁山港举行。

据了解,按照济宁市委、市政府“打造物流交通强市、加快运河经济带”的决策部署,济宁能源发展集团于去年组建了济宁港航发展集团,投资兴建梁山物流多式联运项目(梁山港),并成立了船务公司、港务公司、物贸公司、金属材料公司,整体推进港口物流贸易、船舶运输、加工制造、金融服务等多产业融合发展。

济宁港航钢铁物流加工基地建设项目由济宁港航发展集团、河北物流集团、山东柏颐车业三方投资兴建,在梁山县注册成立了济宁港航金属材料有限公司。项目总投资 12.8 亿元,建设年产能 300 万吨钢材加工及贸易基地,为周边企业提供钢材下站及钢材深加工、销售、配送于一体的全产业链服务,项目达产后,预计年销售收入 82 亿元、利税 2 亿元。

梁山港位于山东省梁山县城北的梁济运河右岸，依托连接我国东西部的重载煤运铁路通道瓦日铁路与京杭大运河交汇于梁山境内的特殊位置而建，去年仅煤炭到发量就突破1200万吨、实现销售收入27亿元。**（王传钧）**

（四）从生态环保和绿色矿山建设中发现新闻

请看《中国环境报》2013年5月2日第6版刊发的新闻《不让煤炭开采留下后遗症　山东充填开采工程技术研究中心获批》：

不让煤炭开采留下后遗症

山东充填开采工程技术研究中心获批

本报讯（记者　季英德　通讯员　王传钧）　山东省充填开采工程技术研究中心日前获批组建，标志着全省煤炭企业工程技术研究中心已增至4家。

据了解，山东省充填开采工程技术研究中心以山东能源淄博矿业集团为依托，联合山东能源集团权属五大矿业集团，与中国矿业大学共同建设，将致力于研究充填采煤工艺、充填材料、充填设备成套技术，全面解决充填采煤中的技术和工程难题。

中心整合国内外从事相关研究的高端人才，利用国内外最新技术，拓宽绿色开采的研究领域，提高行业整体技术水平。

山东省是产煤大省，又是资源小省，煤矿开采导致大量地表塌陷、煤矸石堆积，环境治理任务艰巨复杂。煤矿充填开采是煤炭资源科学开发与生态环境和矿区和谐发展相统一的煤炭生产方式，是煤炭生产方式的重大变革，对提高资源回收率、保护生态环境、增强安全可持续发展能力意义重大。

目前，山东省通过实施煤矿充填开采工程技术，“三下一上”（三下：水体下、铁路下、建筑物下，一上：承压水体上）压煤可采储量增加1.5亿吨，累计减少矸石排放1700万吨、停运矸石山22座、减少矸石山占压土地30公顷，在充分保护地表建筑物和土地、水体等资源及生态环境的基础上，既提高了资源采出率，又延长了矿井服务年限。截至2013年1月底，山东省已有包括济宁能源发展集团花园煤矿、太平煤矿在内的46处矿井实施了充填开采，建成开采工作面161个，累计充填开采产量达到1700万吨。

（五）从基层工作的攻坚克难中发现新闻

请看《中国煤炭报》2020年6月9日刊发的新闻《中国平煤神马集团：聚焦质量效益　协同攻坚克难》：

中国平煤神马集团:
聚焦质量效益　协同攻坚克难

薛亚丽

今年前5个月,中国平煤神马集团交出亮眼成绩单:完成开掘总进尺9.94万米,超计划6800米;入洗原煤1077.9万吨,同比增加113.6万吨;精煤产量493.9万吨,同比增加65.7万吨;焦炭产量243.8万吨,完成计划的105%。

“面对疫情防控和安全管控的双重压力,我们主动出击,攻坚克难,打出系列‘组合拳’,确保疫情防控到位,质量效益提升。”中国平煤神马集团党委书记、董事长李毛说。

优化人力资源　实现高效生产

今年初,受疫情影响,一线出勤人员“告急”。

在煤矿整体出勤率不足60%的情况下,中国平煤神马集团强化人力资源整合,采取合并头面、合并班次、辅助支援采掘等方式,周密组织、科学调度,最大限度地发挥出勤人员效能。

二矿在采掘队实行干部双上岗制,根据生产接替缓急情况,在关键头面、关键地点实行人员倾斜政策,将人员充实到各采掘生产班。

田庄选煤厂优化生产劳动组织,打破机电战线车间、班组界限,建立健全生产检修联动机制,制定激励考核措施,人均工效提升至5793吨。

中鸿煤化公司充分挖掘生产装置潜能,重点提升焦炭单产、吨焦发电水平等,做到“孔孔满仓、粒粒进袋、滴滴入罐、度度回收”。

在控员提效的同时,中国平煤神马集团加大智能化矿井建设力度。平宝公司成为河南省目前唯一一个通过一级智能化煤矿验收的单位。

强化成本管控　力求效益最大化

一季度,田庄选煤厂入洗原煤、精煤产量比去年同期分别增加27.5万吨和17.16万吨,精煤加工费、营业收入、精煤产量、精煤灰分等多项指标创建厂以来最好成绩。

今年以来,中国平煤神马集团坚持以质量效益为中心,大力实施精煤战略,全面提升产品质量,走出了一条结构优化、产品高端化的可持续发展之路,实现煤炭综合效益最大化。

为提高煤质，中国平煤神马集团坚持源头把控，要求各原煤生产单位强化煤质管理，推行煤质“事前、事中、事后”全过程管理，实行矿井矸石源头减量化管理。

数据显示，一季度，中国平煤神马集团入洗原煤灰分 37.57%，低于计划 2.93 个百分点，比去年同期降低 2.44 个百分点。

各煤焦企业通过降本增效，实现效益最大化。朝川化工公司制定 10 项创新增效措施，加大原煤购进力度提产量，优化配煤结构降成本，增加煤气外销提收入，统筹电力平衡降费用。在保证焦炭质量的前提下，朝川化工公司优化配煤结构，使入炉吨煤成本下降 18 元；采用丁戊组煤配洗方案，相对增效 63 万元。

（六）从“首个”“最大”“第一”等关键事件中发现新闻

请看新华网 2020 年 7 月 31 日的新闻《我国首个 2 亿吨煤炭生产基地累计产煤突破 30 亿吨》：

我国首个 2 亿吨煤炭生产基地累计产煤突破 30 亿吨

截至 7 月 27 日，我国首个 2 亿吨级煤炭生产基地——国家能源集团神东煤炭集团累计生产清洁煤炭突破 30 亿吨。现在这个矿区每天有大约 110 列火车载着 45 万吨左右商品煤驶出，为保障国家能源稳定供应发挥了“压舱石”作用。

神东矿区属于世界整装优质大煤田，埋藏浅、煤层厚、煤质优，是我国重点规划建设的 13 个大型煤炭基地之一，也是我国建成的首个亿吨、2 亿吨级煤炭生产基地。

在开发建设过程中，神东煤炭集团瞄准世界先进水平，以“高起点、高技术、高质量、高效率、高效益”为建设方针，创新集成国际、国内先进的开采理念和科技装备，深入实施关键技术和核心技术研究，破解了高产与安全、采矿与环保“两个难题”；实现了煤炭开采由劳动密集型向技术密集型，由高危行业向本质安全型企业，由环境污染向清洁环保、资源节约型“三个转变”；形成了高效、绿色、智能矿井核心技术。目前，矿井采掘机械化率达到 100%，资源回采率达 80%以上，原煤生产效率最高超过 124 吨/工，累计创造中国企业新纪录百余项，企业主要技术经济指标达到世界领先水平。**(麻葆钧　凯声)**

（七）从校企合作、结对联姻的活动中发现新闻

请看《中国煤炭报》2013 年 4 月 24 日第 2 版刊发的新闻《济宁能源与山东科大签订校企合作协议》：

济宁能源与山东科大签订校企合作协议

本报讯 近日，山东济宁能源发展集团与山东科技大学签订校企合作协议。

据了解，济宁能源发展集团与山东科技大学本次合作旨在促进产学研合作，加速科技成果转化，实现科技与经济的紧密结合，保证学校和企业快速、持续发展。

双方在科技项目联合研发、关键技术研究、人才培养、成果转化等方面达成共识，提出共同提高协同创新能力，实现双方互利共赢。

双方将建立技术合作关系，做到学校与企业信息、资源共享，让学校和企业的设备、技术实现优势互补，节约教育成本与企业成本。**(王传钧)**

(八) 从科技创新、成果攻坚和特殊贡献中发现新闻

请看《中国能源报》2017年5月22日第13版刊发的新闻《山东天然气发电装机实现"零"突破》:

山东天然气发电装机实现"零"突破

本报讯 日前，从山东省济宁矿业集团传来好消息，作为山东省首例区域式天然气分布式能源项目机组，济矿民生热能有限公司#2燃机煤气改天然气项目机组于5月9日点火成功，网试运行，并将于本月下旬正式投运。这比该省倡导的2018年实现天然气发电装机"零"的突破整整提前1年。

据了解，"十三五"期间，山东省济宁矿业集团济矿民生热能有限公司倾力打造"清洁能源基地"，着力实现清洁、绿色发展目标。根据国家大力发展分布式能源天然气发电政策，济矿民生热能有限公司与中石油昆仑燃气公司合作成立了分布式能源分公司，充分利用中石油充裕的天然气资源，把#2燃机由煤气燃机改造成以天然气为燃料的机组，彻底摆脱气源不足以及质量差的困扰，且各项烟气排放指标均能满足最新排放标准，达到低氮氧化物排放，远远优于国家排放标准。

据悉，该项目的投产运营，将向当地产业园区提供不间断热、电、冷三联供，进一步弥补了园区内蒸汽、电力负荷缺口。随着济宁市新材料产业园的不断发展壮大，济矿民生热能将根据园区需求，随时启动"短、平、快"的天然气发电机群，进一步发挥济矿民生热能作为市新材料产业园"能源保障中心"的作用。**(王传钧)**

综上所述，新闻宣传是企事业单位的“刚需”，新闻的“活鱼”在基层。只有扎根基层、深入一线，多接“地气”、培养“底气”、增长“灵气”，才能以敏锐的触角捕捉新闻热点、以真情的笔触还原本真生活，写出更多让读者喜闻乐见的新闻精品。

第二个锦囊：

新闻如何策划？稿子怎么写？

第一节　新闻活动策划的概念和特征

2023 年 3 月 28 日，广告文案圈儿发布了一个题为《设 5000 元“委屈奖”？胖东来的口碑营销好绝！》的案例：

大家好，这里是圈佬。就在上周末的晚上，胖东来悄悄地登上了微博热搜第一。

究竟是怎么回事呢？原来有网友分享了一张关于胖东来的薪资待遇清单，其中有一条特别引人注目的员工福利待遇——委屈奖：按正常流程工作受到委屈的，补贴 5000～8000 元！

这让不少网友艳羡不已，甚至大呼：“我求求你把这个班给我上！”

好多读者看后也是连连点头，心里想：“嘿，这个点子真好”。点子好，效果就好。搞宣传也是如此，最头疼的应该是没有“好点子”，有了“好点子”便下笔如有神。“好点子”“金点子”就是我们常说的“策划”。

一、何谓“策划”

策划，是指积极主动地想办法、订计划。它是一种策略、筹划、谋划或者计划、打算，是指个人、企业、组织机构为了达到一定的目的，在充分调查市场环境及相关联环境的基础上，遵循一定的方法或者规则，对未来即将发生的事情进行系统、周密、科学的预测并制定科学可行的方案。策指计谋、谋略，划指设计、筹划、谋划。在现代生活中，策划常用于形容做一件事的计划或是一种职位的名称。

活动策划是提高市场占有率的有效行为，一份可执行、可操作、创意突出的活动策划案，可有效提升企业的知名度及品牌美誉度。

活动宣传策略是指通过举办与传播信息相关、能够吸引公众积极参与的主题文化活动或趣味性娱乐活动，来展示企业形象、商品形象，使公众接受相关信息的宣传策略。活动宣传策略应打造较好的心理基础，即公众的自我表现欲望和娱乐休闲愿望。

企事业单位精心策划的公共关系活动具有较强的新闻价值，往往是大众媒体报道的题材，加之内容新颖，公众乐意阅读、收看、收听，从而能够有效地扩大企业的影响范围。

活动宣传策略，在表现形式上是多种多样的，如生活方式推广活动、体育活动、文化仪式活动、游戏娱乐活动、商品文化活动、专题庆典活动、竞赛活动、参观活动、节日文化活动等，这些活动都是公共关系活动的形式载体，只要策划巧妙，都能有效地影响公众。

二、何谓“新闻活动策划”

新闻活动策划是什么？新闻界并没有一个统一的定义。一般情况下，新闻活动策划，就是让新闻传播达到最优效果而采取的有创意的谋划与行动，并以活动、会议、红头文件等形式呈现出来。新闻活动策划不仅是对报道节奏的设计与调控，而且是对报道采写环节所做的精心取与舍，以及对稿件处理所做的精细打磨。

新闻界有一句名言：我不能影响你怎么想，但我能影响你想什么、谈什么。如何在有限的版面上制作出让读者能读、悦读、深读的东西？唯有策划。新闻选题要策划、主题角度要策划、稿件谋篇布局要策划，甚至标题怎么做也要策划。版面如何布局、版式如何设计、色调如何运用、专栏怎样构成、文字采取怎样的风格等，都离不开策划。内容打磨、人员调配、发稿安排、形象设计，都属策划范畴。可以说，微到一个采访选点，小到一篇新闻写作，中到一个版面处理，大到一个项目的设计与推进、一张报纸整体的运作等，都离不开策划。可谓天天要策划、事事要策划。

策划就是变“等米下锅”为“找米下锅”，把新闻生产的工序前移到稿件采写以前，提前介入，提前布局。

细细琢磨一下，你会发现党委、政府和职能部门做的事都是有规划、有计划、按部就班的，比如今年举办哪些活动、组织哪些会议，在一年前就做好计划、编制好预算了。企业亦如此，年前就出台了下一年度的工会工作要点、党建工作要点或重要工作计划，编制好了下一年的预算管理计划等。

三、“新闻活动策划”的特征

华中科技大学新闻与信息传播学院教授赵振宇曾给新闻策划下过一个定义——新闻策划是新闻报道的主体遵循新闻规律，围绕一定的目标，对已占有的信息进行去粗取精、去伪存真、由此及彼、由表及里的分析和研究，发掘已知、预测未来、着眼现实，制定和实施相应的政策和策略，以求最佳效果的创造性的策划活动。

第一，新闻策划是策划的一种，新闻策划与策划是“种属”关系。策划一般包括的策划者、策划依据、策划手段、策划对象、策划方案、策划效果评估等因素，大体上来说也是适用于新闻策划的。在“策划”前面加上“新闻”二字，是在“策划”的“属”概念里加以“种”的区别，使其有别于其他的如经济策划、商业策划、体育策划、艺术策划、军事策划等。把“新闻策划”理解为“制造假新闻”“搞有偿新闻”是一种偏见和误解。

第二，新闻策划，必须遵循新闻规律，事实在前，报道在后。而有些新闻策划出现了问题，是新闻策划的主体对新闻策划的本质认识偏颇或技巧使用不当所致，而不是“新闻策划”命题本身存在问题。

第三，新闻策划是一个有层次的系统工程。它不仅包括一篇新闻报道的微观策划，而且包括报纸的发展规划、编辑方针、组版思想和专版、专栏的设置等宏观策划。新闻策划既可以是即时性的，也可以是阶段性或长期性的；新闻策划的主体既包括报社的总编辑、副总编辑，也包括各部门负责人和编辑、记者。广义的新闻策划涉及新闻一切领域的策划，狭义的新闻策划仅指新闻媒体运作的策划。我们现在讨论较多的是狭义的新闻策划。

第四，新闻策划与策划新闻的区别。新闻策划是就策划的种类而言，以区别于其他的策划；策划新闻是针对新闻而言，以区别于其他的新闻。新闻策划包括两种类型，一种是新闻事实发生后，新闻从业人员商量如何采访、如何提炼主题、如何划分段落、如何制作标题、如何美化版面等，这是对新闻报道的策划。如《人民日报》近年先后推出的庆祝中华人民共和国成立 70 周年大型全媒体报道、“向人民报告——履职心声”系列报道、“民有所呼　政有所应”系列报道、“大江大河这十年，蹲点村庄看巨变”系列报道等。另一种则是新闻从业人员依据新闻报道的需要、遵循事物发展的一般规律，参与新闻报道赖以存在的新闻事件或活动之中，为新闻报道奠定基础、提供对象和素材。如《钱江晚报》组织的记者在您身边，《工人日报》组织的聚焦第三届消博会、职工“娘家人”故事，《华西都市报》组织的孩子回家行动等活动及报道。这两种类型都属于新闻策划的范畴，由此而写出来的报道都是策划新闻，或称策划性新闻或策划的新闻。经过新闻策划而产生的策划新闻，与“制造假新闻”完全不是一回事。

第五，新闻策划是以追求最佳效果为出发点和最后检验标准的思维活动。

从多年的新闻实践可以看到，凡是办得好的、受读者欢迎的、有较大的发行量的报纸，大多是因为策划报道和策划活动搞得好。这种符合新闻规律、以追求最佳效果为目的的策划报道和策划活动，与“有偿新闻”完全是两码事。

第六，新闻策划是一项创造性的智力劳动。作为新闻从业人员及企事业单位党建和思想政治工作人员，单纯地采写、刊发稿件，只能算是一般意义上的智力劳动，有的甚至是简单的重复劳动，不能称其为策划，只有独具匠心、富有新意、技高一筹的创造性的谋划和运作，才能算得上是新闻策划。

第二节　新闻活动策划如何推进实施

新闻策划是多人的集体创作,集中了集体的智慧,能够在不引人注目的新闻线索中发掘"价值昂贵的珍宝"和"带着露珠的鲜花"。

新闻策划能够充分开拓和有效地利用新闻资源,不仅可以使从业人员敏锐地看到眼前发生的事实,而且可以敏锐地回忆历史、科学地预测未来,找到过去、现在和未来之间的必然联系。《新民晚报》曾在春节前夕策划一个选题——四十年前我们怎样过年。这个选题表面上看是一种回忆,但实质上它是从四十年前过年的凄苦来反衬我们今天过年的幸福生活和天翻地覆的变化。新闻策划不仅表现在重大事件中,也反映在我们的日常生活中,关键在于记者、通讯员能否发现它和如何认识它。

新闻策划要追求"你无我有,你有我新,你新我快,你快我深"的积极效应。一件事值不值得策划,价值判断是前提。策划之道,宏观为要。下面的方法有助于我们快速掌握策划的精髓。

一、策划选题

新闻策划的首要是提高选题决策水平。选题第一,采编第二。决策不当,一旦见报,覆水难收,读者不爱,就会对媒体产生隐性杀伤力。选题要从大多数人最关心、最迫切需要解决的问题切入。找到最动人的"新闻眼"、最撩人的"兴奋点",是报道成功的关键。选题就是热点、焦点、关注点、期待点、需求点,抓到点上,才会与读者产生共鸣,才会广受欢迎。

做策划有三个基础准备:一要掌握有价值的新闻线索;二要及时发现社会生活中的新矛盾、新问题、新动向、新事物、新现象,切准主流和大事脉搏;三要有思想的支撑、有团队的支撑,做有思想的媒体。

俄国作家果戈理有一句名言:"写作的人像画家不应该停止画笔一样,也是不应该停止笔头的。随便他写什么,必须每天写,要紧的是叫手学会完全服从思想。"新闻策划,真正比拼的是思想,先动的不是手、不是脚,而一定是思想。思想是行动的先导。

二、策划会

策划要群策群力，要全员策划，人人都来想点子。因此，每名采编人员和通讯员都要掌握一点“策划之道”。

编辑部的采前会、编前会不是“分食会”，也不是值班总编的“一言堂”，而是深度碰撞的创意会，是集中攻创重点的会。集中力量、集中版面，每天做一个重点新闻。主任、编辑先发言，值班总编再来汇总归纳。这样一来，采访路径厘清了，写作思路清晰了，编辑的处理思路也廓清了。

比如活动或报道，如何开始，如何结束，要达到什么效果，可能遇到什么困难，如何解决这些困难，在策划中应尽可能设想得多些，实际操作时才能轻松一些。

工作中，我们深深地感受到做策划其实并不难，最难的就是思维打不开，缺少想法。为什么没想法？因为我们陷入了做也做不完的事务中。既要埋头做事，还要抬头看路、望天。策划，走多数人走的路就是“死路”，闯出一条新路来，换个角度就会看到不一样的风景。

重大项目要开专题策划会。策划会就是“头脑风暴”，即多人自由畅谈，点燃激情，不论对错都不许打断和反对，大家一起享受想象的快乐。有些策划是眼前闪过的一道灵光，立即抓住则会大放异彩。

一次策划会要弄清“七个一”：一针见血（选题对准的方面和点）、一线串珠（报道的主题、主线）、一网打尽（主线下的活动支撑，设计一个主活动与多个小活动）、一脉相承（连续报道＋活动互动＋深度报道＋专访对话等）、一气呵成（报道的时机选择与节奏控制）、一柱擎天（报道的思想性与高端性）、一鸣惊人（报道要达到的效果）。

三、策划方案

（一）策划方案的撰写方法

★方案设计要着重体现报道的“七度”：准度、广度、高度、热度、强度、亮度、深度。

★一个大型报道的实现路径可概括为“七部曲”：预热→起步→中盘→纵深→高潮→升华→收尾。

★一个完整的新闻策划流程应至少包括以下七个环节：选题讨论→拟订方案→选题申报与修正→实施准备（力量配置、分工部署、经费保障、辅料制作等)→精心采写→编辑优化→反馈评价。

★一个完整的报道策划方案应至少包括以下七个部分:① 策划背景;② 目的、意义;③ 专班分工;④ 报道要求;⑤ 框架结构(阶段设计);⑥ 报道模式(专栏设置、体裁设计、深度安排、互动体验等);⑦ 发稿安排。

★一个完整的活动策划方案应至少包括以下七个部分:① 目的、意义;② 举办机构(主协承办方);③ 专班分工(活动专班、报道专班);④ 活动框架;⑤ 活动流程;⑥ 实施措施(招商、保障、应急);⑦ 发稿安排。

一个新闻项目的策划结构包括三个方面:① 大结构,即一个项目的整体安排;② 中结构,即版面的结构;③ 小结构,即单个稿子的写作结构。

(二)策划方案应不拘一格

做策划既要善于"放"光芒,惊艳登场,也要懂得"收"锋芒,不疾不徐。做策划既要善于抛出报道"诱饵",又要学会放长线钓大鱼,还要能把鱼儿拉上岸。多数中小报道就像扔进河中的一个个石子,只要激起阵阵涟漪即可,而大型报道则要做"回环闭合"结构设计,起承转合,收放自如。

媒体品牌活动,每次都应精心设计方案,不可凭着感觉走。领导的上场次序、站场位次,都应精心设计;领导和代表的讲话位置,要有专人导引;领导的讲话稿要统一审查;主持人的站位也应提前规划好;现场氛围的营造等,也要精心策划。总之,活动方案要做到周密细致、滴水不漏。

四、策划执行

策划打天下,执行定乾坤。一个大型报道能否成功,除了做到策划到位,还要做到执行到位。"到位"的核心是我们要知道自己在做什么、怎么做,以及想达到什么效果。

策划的源头在编辑,策划的关键在主任,策划的核心在总编或分管总编、值班总编,策划的落实在记者。作为承上启下的部主任,其核心工作就是"四抓",即抓项目、抓策划、抓方案、抓执行,要以项目为抓手,用策划激活团队、激活版面、激活报纸。

新时代的编辑不仅要具备核心策划能力,还应主动出击发现线索、分析价值、预见效果、设计采访切口、确定报道体裁、选择报道对象、操控报道节奏。只有编辑指挥记者作战,才能找到适销对路的"活鱼"。从这个角度上讲,版面编辑的角色还应定义为新闻策划"指挥官"。所以,编辑的"新闻预见力"要格外强。同时,策划方案定稿后,需要卓越、高效的执行力来保障项目的顺利实施。

执行力就是抓落实，落实决定着项目的成败。

新闻策划是一项系统工程，还涉及管理问题。比如，各方面关系的沟通协调、力量的调配、人员的分工、工作的监督与检查、员工的激励与考核等，这些都属于管理上的问题，直接攸关执行效果。所以，一个优秀的新闻策划者，不仅要精通新闻业务，还要懂得一些管理之道。每个记者要自我管理好新闻线索和人脉资源，每个编辑要管理好责任版面、策划项目和供稿团队。

新闻策划者就是“项目管理者”，要对整个活动或报道全过程进行监督、检查、指导。值班总编、主任、责编要随时检查项目的进展情况。大的项目，总编要亲自过问，纠偏、调整、加派力量。大的活动要多次彩排，查细节，找纰漏，总编要实地检查、督导筹备情况，一项一项地梳理。

没有执行力，就没有竞争力。执行要注重细节管理。老子的《道德经》中讲道：“天下难事必作于易，天下大事必作于细”。细节决定成败。在报纸同质化越来越严重的今天，精工细作是制胜的法宝。执行的最高境界是创新。要追求极致，创造性地工作，才能创作出令人拍案叫绝的佳作。

策划不是万能的，没有策划是万万不能的。从市场竞争角度来说，媒体最大的竞争对手是受众不断变化的需求，应加快从信息传播向价值传播转型升级，满足受众更高层次的需求，为受众创造更多、更大的价值。所以，新闻策划的最终落脚点还是新闻本身，内容才是王道，要把每篇新闻、每个版面都做精彩。

第三节　新闻活动策划的关键词分享

一、关于“腊八节”的新闻活动

农历十二月俗称腊月,农历十二月初八即“腊八节”,亦称“腊八”。在这一天做腊八粥、喝腊八粥是老百姓的传统习俗。

★策划要点

(一) 关键词:喝粥

腊八到,粥飘香。按照传统习俗,人们在腊八节都要喝上一碗腊八粥。喝腊八粥已有千年历史,策划新闻活动时可以适当链接“腊八粥的典故”“腊八民谣”等。

腊八将至熬粥忙,社区里举办免费喝粥的活动,标题可定为《社区欢度腊八　传递邻里温情》。

(二) 关键词:粥文化

地域特色:全国各地腊八粥所用材料各有不同,品种繁多。

健康题材:腊八粥并非人人适宜,选购和食用颇有讲究,可请本地著名中医讲解相关知识,请巧妇或名厨传授腊八粥的熬法技巧。

放心消费:腊八节,市场监督管理部门检查散装八宝粥的食品安全情况,让人们放心喝粥。

节日差异:对很多年轻人而言,也许腊八节这一天与往日并无多大差别,但对中老年人来说,他们更能感受到腊八节的浓郁气息。

(三) 关键词:爱心

腊八粥熬出浓浓的人情味。企事业单位给福利院的孩子和敬老院的老人赠粥;社区工作人员给孤寡老人送腊八粥和御寒衣物。

请看《工人日报》2022 年 1 月 11 日第 3 版刊发的新闻《青岛市市南区总工会为新就业形态劳动者送上腊八粥》:

青岛市市南区总工会为新就业形态劳动者送上腊八粥

本报讯(记者　杨明清　通讯员　匡润金)　1月10日,山东省青岛市市南区总工会联合粥全粥到工会委员会开展“浓浓腊八节　工会送温暖　关爱劳动者”主题活动,腊八节当天凌晨三点,粥全粥到的职工便开始熬粥,把工会组织的温暖、关爱和祝福送给在寒风中坚守岗位的新就业形态劳动者们。

青岛市市南区总工会党组书记、常务副主席,一级调研员王轶强说:“今天是中华民族传统节日腊八节,我们通过组织这种活动,能给坚守在户外的一线劳动者们带来温暖,把党和政府的温暖、工会组织的关怀送到每一个职工的心坎上。这次活动也是市南区总工会开展双节送温暖的重要一环,下一步市南区总工会将统筹资源,协调各级工会对新就业形态劳动者和疫情防控人员开展慰问活动。”

据了解,本次活动共向100余名环卫工人、快递员等新就业形态劳动者送上了腊八粥,此外还准备了包子和热菜,粥全粥到工会委员会用心用情为新就业形态劳动者准备餐食。

“今天下雪天很冷,市南工会把我们环卫工请进屋里,让我们在腊八节喝上一碗热乎乎的八宝粥,不仅身体暖和了,心也暖和了。”郭师傅捧着腊八粥说道。

据介绍,粥全粥到作为青岛的老字号餐饮企业,始终坚持“良心塑造企业,良心塑造员工,良心回馈顾客,良心回报社会”的核心价值观。企业成立工会后,在市南区总工会的指导下,热心公益事业,关心关爱一线劳动者,定期开展慰问活动,用点滴行动突显出爱心企业的温暖。

二、关于“学雷锋日”的新闻活动

1963年3月5日,《人民日报》发表毛主席题词:“向雷锋同志学习”。此后,每年的3月5日便成为“学雷锋纪念日”,也是“中国青年志愿者服务日”。

★策划要点

(一)关键词:做好事

“学习雷锋好榜样……”又到3月5日,这首歌再次被人们唱响,“学雷锋、做好事”帮扶助人再度升温。雷锋精神是乐于助人、舍己为人、爱岗敬业、全心全意为人民服务的精神,简单地说就是做好事。

雷锋曾说:“做一件好事并不难,难的是一辈子做好事。”学雷锋,让人们感受到春天般的温暖。策划新闻活动时可关注:志愿者社区里学雷锋;关爱留守老人,为老人排解寂寞;乐当交通文明使者;街头义务劳动,清理垃圾和卫生死角等。

(二)关键词:标兵

晒晒身边的“雷锋”,争做时代的先锋。可聚焦一批学雷锋标兵(道德模范与身边好人)。报道模式:人物+图片+事迹+雷锋日前后的活动+标兵对雷锋精神的理解。

(三)关键词:传承

雷锋精神代代相传。全国很多地方都有雷锋班、雷锋连、雷锋中学、雷锋车队、雷锋协会……踏寻雷锋的足迹,报道他们在雷锋纪念日的活动。

(四)关键词:观点

今天我们拿什么纪念雷锋? 今天,我们怎么学雷锋? 有人在质疑:学雷锋何必“扎堆”? 媒体在拷问:莫让“雷锋”三月来四月走。有一个共同点是:雷锋精神永不过时,学雷锋应唱好“四季歌”。

(五)关键词:活动

有困难找义工,有时间做义工。请看《中国水运报》2023 年 3 月 6 日综合版刊发的新闻《文明扬帆　向善启航　梁山港开展学雷锋志愿者服务活动》:

文明扬帆　向善启航　梁山港开展学雷锋志愿服务活动

本报讯(特约记者 王传钧)　文明扬帆,向善启航。3 月 2 日,阳光明媚,春意盎然,在第 60 个学雷锋纪念日和第 24 个中国青年志愿者服务日来临之际,梁山港组织党员志愿者到文明单位联系帮扶村、寿张集镇东孙庄村新时代文明实践“幸福食堂”开展学雷锋志愿服务活动,弘扬雷锋“向上向善”的志愿精神,传递“地企和谐”的文明共建佳话。

2023 年 3 月 5 日是学习雷锋纪念日 60 周年,为全面落实习近平总书记关于深入开展学雷锋活动重要指示精神,梁山港党群工作部积极响应号召,开展务实有效的新时代学雷锋活动,团结带领党员干部参与到志愿服务过程中来,做弘扬雷锋精神的示范者、传承者和践行者。

他们有的身穿印有“济宁港航梁山港有限公司志愿者”的红马甲、头戴印有志愿标识的小红帽,有的身穿春季工装、胸前佩戴着熠熠闪光的党徽,手拿拖把、抹布、笤帚、垃圾袋等工具,或扫、或拖、或抹、或运,分工明确,默契配合,并对地面垃圾进行清扫装箱……梁山港党员志愿者发扬“奉献、友爱、互助、进步”的志愿精神,不怕脏、不怕累,劳动现场一度热火朝天。志愿者们的辛勤付出,不仅为东孙庄村新时代文明实践“幸福食堂”营造了干净卫生、整洁有序、优美文明的生活环境，也在一定程度上达到了绿化、美化的效果，给人以舒适宜人之感。

据悉，此次活动的开展，梁山港既密切联系了文明单位帮扶村，又给党员志愿者提供了践行志愿服务的机会，还展现了梁山港作为国有企业和市级文明单位的良好形象。为了支持帮扶东孙庄村建设“幸福食堂”，梁山港自2021年起连续三年资助东孙庄村15万元(每年支持5万元)。下一步，梁山港将根据新时代文明实践的要求，依托“幸福食堂”这个与梁山县群众联系帮扶的平台，深化志愿服务，每月坚持到联系帮扶的村开展孝老爱老、帮扶救助等志愿服务活动。

三、关于“召开会议”的新闻活动

★策划要点

（一）关键词：主要领导

当我们负责一个会议的报道时，务必要弄清这个会议的“七大核心元素”，即：会议的名称和主题；哪些领导出席（领导准确姓名和准确职务）；哪些领导做了哪些重要讲话；领导的排序；对接会议的通知人和审稿人；会议材料；报道要求与讲究。

对领导活动的报道，要选取生活质感强的细节，比如领导的一言一行、一举一动等可以表达亲和与亲民的元素。

（二）关键词：出台政策措施

会议中出台的重大新政必将受到人们的高度关注，成为报道的重点。我们既要知道“发布了什么新政策”，还要知道“新政策意味着什么”及“新政策出台背后所隐含的内容”，以及专家对新政策的解读、人们对新政策的评价和感受、新政策带来的直接或间接的影响等。

举例：主稿是新华社的消息《让在外忙活的游子们，返乡时添一分暖意 今年春运公路票价也不上浮了》，组合“落地稿”有《我省将出台涨价细则》、《乘客很开心》（百姓声音）、《不涨价是社会进步的体现》（评论），以及回应各方质疑、消除百姓疑虑的新闻《省客承诺不降低服务质量》和《百万人次受惠　市民叫好之后担忧车票紧张》等。

（三）关键词：会风、会场

会风也是一大关注点。近年来，参会人员开会时接电话、“会虫”呼呼大睡等，频频被媒体曝光。请看《澎湃新闻》2023年4月19日报道的新闻《脸皮太厚！公司年会遭遇“会虫”，冒领奖品还与领导合影》：

脸皮太厚！公司年会遭遇“会虫”，冒领奖品还与领导合影

公司的年会中居然混入了“陌生人”，不仅蹭吃蹭喝，还拿着奖券上台冒领大奖……

近日，上海市公安局浦东分局陆家嘴治安派出所接到了一家公司报案，称公司年会里本应该颁发给员工的奖品，被一陌生男子冒领走了，损失了好几千元。

接报后，民警立即开展调查。经过走访，民警发现该公司部门众多，员工之间也不可能都互相认识，在年会的入场环节也没有人检查相应的工作证。民警通过视频发现，该名“会虫”从正门旁若无人地混入年会，随意选择了一桌就座吃饭，巧合的是，“会虫”所坐位置的对应奖券还中了公司的年会奖项，获得手表一块，“会虫”堂而皇之上台领奖，更与公司领导一起合影留念，纪念年度的“幸运时刻”，然而正是这次合影，为他的不法行为留下了证据。侦查员通过嫌疑人的体貌特征，一路循线追踪，最终在其暂住地将冒领奖品的姚某人赃并获。

经审讯，姚某交代，其认为没有人会发现他，便在他人公司中参加年会混饭吃，而发现自己中奖后更是贪念作祟，领取了本不该属于自己的奖品。在其暂住地民警发现，姚某除了手表外，还领取了该公司发的厨具等奖品。目前，违法行为人姚某被浦东警方依法行政拘留，现民警已将涉案物品悉数返还该公司。

警方提醒，公司在召开年会时，可在入场环节安排人员对工作证进行检查，避免被不法分子趁机入内，从而造成不必要的损失。

需要重点强调的是：好的新闻策划应当包含人文情怀，更多地关注当下社会普通人的生存境遇和发展要求。“平常人＋不平常事＝新闻”，我们应将新闻策划的视点移到普通民众身上，挖掘平凡人不平凡的经历，反映普通人的声音，正能量满满。

第四节　稿子要写好,“五必”须记牢

写宣传稿的基本要求可以概括为:必须真实,必须新鲜,必须及时,必须简短,必须用事实说话。简单地说,写宣传稿要做到五个字:真、新、快、短、实。

一、真

真实是新闻报道的生命。新闻写作的真实性指的是新闻报道中的每一个具体事实必须合乎客观实际,即新闻报道中的时间、地点、人物、事情、原因、经过等都经得起核对。通过采访所取得的所有素材,在提炼、整理、列提纲、用字、用词、用句、分段、引证、编制题目等一系列写作过程中,都要把握好真实性。

(一)新闻的真实性取决于深入实际的采访

通讯员、记者要深入实际采访,了解真正的事实。新闻研究者方延明说:“真实不是孤立的,真实是主客观的统一”,“新闻事实是主观对客体的描述,是客观事实通过记者主观意识后的结晶体”。我们要保证描写客观事实的真实性,必须由通讯员和记者深入实际采访,以得到第一手事实材料。

(二)新闻报道要根据事实来描写事实

新闻工作者要为报道真实新闻而奋斗,新闻要用事实服人、以理取胜。新闻宣传工作要实事求是,不说假话。一旦失实,新闻的生命就会终止。

(三)《中国新闻工作者职业道德准则》明确规定坚持新闻真实性原则

《中国新闻工作者职业道德准则》第三条规定:坚持新闻真实性原则。把真实作为新闻的生命,努力到一线、到现场去核实,坚持深入调查研究,报道做到真实、准确、全面、客观。① 通过合法途径和方式获取新闻素材,认真核实新闻信息来源,确保新闻要素及情节准确;② 根据实际描述事实,不夸大、不缩小、不歪曲事实,不摆布采访报道对象,禁止虚构或制造新闻,刊播新闻报道要署记者的真名;③ 摘转其他媒体的报道要把好事实关、导向关,不刊播违背科学精神、伦理道德、生活常识的内容;④ 刊播了失实报道要勇于承担责任,及时更正致歉,消除不良影响;⑤ 坚持网上网下“一个标准、一把尺子、一条底线”,统一导向要求和管理要求。总之,真实性是新闻最基本的特征。请看《企业家日报》2013

年10月28日第22版刊发的新闻《王传钧力作〈写好新闻　给你6把金钥匙〉下月出版》：

王传钧力作《写好新闻　给你6把金钥匙》下月出版

记者　王　萍　江苏徐州报道

本报讯　10月21日，从国家一级出版社——中国矿业大学出版社获悉，由本报特约记者王传钧编著的《写好新闻　给你6把金钥匙》，即将由中国矿业大学出版社出版发行。《国际日报》驻中国首席记者李德银为该书作序。

据中国矿业大学出版社人文社科编辑出版中心主任孙浩介绍，《写好新闻　给你6把金钥匙》一书，既可以作为从事新闻教学和研究人员的实用参考书，也可以作为年轻记者、编辑、通讯员自我“充电”的新闻手边书，更可以作为新闻院校学生和企业政工人员的良师益友。该书以“给你6把金钥匙”的独特章节形式，先从打开新闻基础知识殿堂开始，然后逐一打开新闻发现的“大宅门”、新闻采访的“保险柜”、新闻写作的“元宝盒”、通讯写作的“妙锦囊”、多发稿的“绿色通道”，最后还将“新闻中常被用错的字、词大全”和《中国新闻工作者职业道德准则》以附录形式囊括进来，突显该书的实用性、科学性和严谨性。全书分为6章，每章5小节，共25万字。

《国际日报》驻中国首席记者李德银对《写好新闻　给你6把金钥匙》一书给予了三点评价：一是专业而通俗，新闻学专业出身的作者把新闻理论中晦涩难懂的问题拆分开来，用更加直白通俗的语言传达给读者。二是实用而简洁，作者凭借在济宁电视台、《光明日报》山东记者站、《家庭与教育报》、《济宁能源报》从事记者、编辑工作的优势，运用大量富有时代气息和企业特色的新闻作品，摆事实、讲道理、谈体会、教方法，将最简洁、实用的经验、技巧传授给读者。三是大气而细腻，作者将自己磨砺13年的新闻写作秘籍打造成6把金钥匙交给读者朋友，并把收集整理多年的“新闻中常被用错的字、词大全”和《中国新闻工作者职业道德准则》一并以附录形式奉献给读者。毋庸置疑，作者的用心良苦和体贴入微彰显了他独特的大气与细腻。

该书作者王传钧是本报山东济宁的特约记者，他毕业于山东大学文学与新闻传播学院新闻学专业，是山东省十佳业余记者。2006年进矿工作前，他曾先后在济宁电视台、《光明日报》山东记者站、《家庭与教育报》当过7年的记者、编辑，从事新闻宣传工作13年，对新闻学的研究有独到见解，现任《济宁能源报》

主编，著有我国首部“矿山安全-应用心理学”类通俗读物《地心深处那束光》、煤矿职工成长、成才手边书《煤矿职工必修的8堂课》等多部作品。

二、新

新闻姓“新”。它为人们展示新的情况、新的人物、新的经验、新的问题。这种现实生活中不断变化的、新鲜活泼的东西，新闻界称之为“活鱼”。

中国科学报社原社长、总编辑陈鹏曾说，总编室要充分发挥编辑导向作用，采访中心要学会“抓大鱼、抓活鱼”。

“抓大鱼、抓活鱼”说起来简单，做起来却实属不易，因为需要下苦功夫，需要广大通讯员和记者沉下去（下到基层一线）、啃透了（吃透上级文件政策的精神主旨）、摸熟了（掌握了大量基层的第一手材料）。

新闻是对新近发生的事实的报道。只有新的东西，才能为读者提供信息。新闻要指导实际工作、实际生活，而实际工作和生活总是在不断前进、不断变化、不断发展的，新事物、新问题、新情况、新气象层出不穷，新闻报道要发挥“新”的特色，不断把客观事物的最新变化、最新发展报道出来，给读者以启发、教育和鼓舞。请看《中国水运报》官方网站2022年2月14日热闻栏目刊发的新闻《济宁能源挺进集装箱制造领域》：

济宁能源挺进集装箱制造领域

特约记者　王传钧

记者日前从山东省济宁市国资委获悉，2月11日，济宁能源港航集团与山东曙岳车辆合作签约仪式在梁山县政府举行。签约仪式上，山东曙岳车辆董事长岳增才与济宁能源党委副书记、总经理王崇景分别代表双方签署合作协议。

此次签约标志着济宁能源一举挺进集装箱加工制造领域。根据协议，济宁能源与山东曙岳车辆合作共建集装箱加工制造基地项目，通过集装箱加工制造，将加速推进济宁市及周边地区航运散改集更新换代，改变运输模式，为实现公铁水集装箱无缝对接转运奠定坚实基础。通过项目合作，济宁能源将更好地融入梁山经济社会发展大局，展现国资国企促进县域经济发展的责任担当和历史使命。

据悉，济宁能源发展集团有限公司成立于1999年，是一家集煤电、港航、物流、机械、化工、贸易、新能源、教育、服务等多业并举的市属国有大型现代化企业集团，下辖济宁港航发展集团和济宁矿业集团两大子公司。该集团2021年实现销售收入289.6亿元，利润21.6亿元，利税36.4亿元，同比分别增长125%、192%、109%；主体信用等级AA+；位列中国煤炭企业50强第36位，中国能源500强第175位。

这样的新闻报道，仅从标题上看，就能够紧紧地把读者吸引住。报道的针对性、思想性和服务性都立足于一个“新”字——挺进集装箱制造领域，说明原来没有进入此领域，现在挺进了这一领域，客观事物发生了最新变化。

新闻，要尽可能抓住“第一次”发生的、“第一个”出现的、“唯一入选”的人物和事物，因为其新鲜感最强、实力最突出。当然，这也要从全局的角度看，这些人物和事物不仅在本单位、本地区是新的、好的，放在全省、全国范围内，也一样是新的、好的，那新闻价值就更大，肯定能成为好新闻。请看济宁能源官方网站2023年5月21日发布的新闻《喜报！济宁能源入选国务院国资委“双百企业”》：

喜报！济宁能源入选国务院国资委“双百企业”

近日，国务院国资委公布最新“双百企业”名单，济宁能源成功入选，成为济宁市唯一入选的市属国有企业。

据了解，“双百行动”是国务院国有企业改革领导小组组织开展的国企改革专项行动之一，共选取百余户中央企业子企业和百余户地方国有骨干企业，主动探索创新、推进综合改革，打造一批“改革尖兵”。通过此次扩围，“双百企业”总数达580家，其中山东省13家。

近年来，济宁能源坚持党建引领，聚焦主业，提质增效，将“深化改革”作为推动企业高质量发展的重中之重，高质量完成了国企三年改革各项任务，在加强党的建设、完善中国特色现代企业制度、优化集团管控体系、优化产业结构和深入推进“三项制度”改革等方面取得了显著成效，2022年被省国资委评为“现代企业制度示范工程”与“公司治理示范企业”的“双优秀”企业。

下一步，济宁能源将以此次入围“双百企业”为契机，主动肩负国企责任担当，以提高企业核心竞争力和增强管理能力为重点，不断完善中国特色现代企业制度，以改革促发展、以创新求实效，力争成为治理结构更加科学完善、经营机制更加灵活高效、富有创新能力和市场竞争力的“国企改革尖兵”，不断推动企业经营业绩持续、稳健增长，为加快建成千亿级国际化大型企业集团提供坚强保障。**（徐超）**

有些题材因为有一定的思想性，要经常不断地报道，因此应尽量找出新的特点、新的角度，努力找出新的发展、新的变动，看看它在同类事物中有什么独特之处。这就需要通讯员凭借自身的新闻敏感性，在掌握大量事实的基础上，经过细致分析和比较，把具有新闻价值的东西揪出来。这样，在写作上就不会让新的事物被埋没在一大堆材料或一般性的认识之中。请看《中国煤炭报》2022年6月2日要闻版头条刊发的新闻《山东煤炭应急储备基地首个智慧园区平台在梁山港建成》：

山东煤炭应急储备基地首个智慧园区平台在梁山港建成

本报讯　日前，山东省煤炭应急储备基地首个智慧园区平台在济宁能源发展集团梁山港建成。

梁山港智慧园区平台包括打造一张数字孪生图、一张环形工业网“两个基础支撑体系”，建立综合调度指挥中心、云数据融合中心“两个中心体系”，建设六大应用子系统，将园区生产、经营、协调、自动化运作、安全以及环保工作统筹管理，实现全方位实时物联感知自动化、全过程实效生产调度数字化、全天候实控安全环保智慧化、全要素实景三维动态可视化的“四全四实”目标。

梁山港启用全国首个无人放仓装车系统，通过无人值守磅房提供的实时信息，可自动进行车牌识别、货位识别、车长车高识别以及自动均匀装车，实现汽车发运全过程无人化，实现万吨列车智能卸车机房和煤流集控系统的远程控制；引进全国首台智能火车清车机，实现清扫过程全自动运行，减少环境污染、物料浪费；启用108辆LNG清洁能源货车和多艘LNG动力船，做到“买煤卖煤不见煤”的绿色运输。

梁山港智慧园区平台将分散的各作业系统状态数据实时接入，做到全实时感知；围绕“公铁水”多式联运的生产模式，根据“三进九出”的作业逻辑，对全流程作业进行梳理，协同合作指导货物高效运转，并通过建设大型设备全生命周期管理系统，指导运行维护人员做好生产辅助工作，提高设备无故障运行率；对人员位置、环保、消防、人员教育培训实时监控，加大安全环保及风险教育培训的管控力度，降低安全风险；对园区全场进行三维扫描、重点设备BIM建模，结合GIS平台实现“BIM+GIS”实景可视化，并通过“一张图”展示。

据悉，梁山港全称为济宁港航梁山港有限公司，经山东省济宁市国资委批准设立。梁山港依托连接我国东西部的重载煤运铁路通道瓦日铁路与京杭大运河交汇于梁山境内的特殊位置而建。作为山东省煤炭应急储备基地，梁山港拥有亚洲最大跨度钢结构封闭式储煤棚,高峰时段可存煤 90 万吨,2021 年煤炭到发量达 1400 万吨。**(王传钧)**

为了突出新闻的特点,并使其更具新闻价值,在报道时,一定要找到新闻根据。所谓"新闻根据",是新闻之所以能够成立的依据,它可以作为一个引子,把一些材料带出来。如上文的新闻充分体现了梁山港的特色:其他港没有的,梁山港有;其他省煤炭应急储备基地没有的,梁山港有;即使其他地方有,梁山港更智慧、更先进。这样一来,新闻的新鲜感、价值度达到最强,才得以在《中国煤炭报》要闻版头条刊发出来,并且国家发改委官网对该新闻进行了转载。

此外,虽然有些事实的情况、数据是旧事,但如果是权威部门最新公布的,也就有了新闻根据;有了新闻根据,许多事实就会常报常新。

三、快

及时是新闻报道的另一个特点,新闻要及时传播信息、沟通情况、指导实际工作和生活。从一定意义上说,新闻的时效性就是政治、就是力量、就是荣誉,若错过时机,时过境迁,新闻就会贬值,甚至失去价值,就不可以成为新闻了。

新闻报道要及时,但也不是唯快才好。快,只是一种手段,不是目的。写作新闻稿时,一切要从党和人民的利益出发来考虑问题。在某些情况下,抢快不利于现实需要和实际工作,就要把新闻压一压。同时,强调新闻的时效性,绝不能动摇新闻的真实性原则,要在真实、准确、客观的基础上求快。请看《中国水运报》官方网站 2023 年 3 月 27 日发布的新闻《山东再添一专业化大宗物资进出口贸易平台》:

山东再添一专业化大宗物资进出口贸易平台

全媒记者　杨　柳　通讯员　马　辉　宋浩瀚

3 月 27 日,青岛融汇同创国际贸易有限公司揭牌仪式在山东青岛顺利举行。该公司由济宁能源发展集团和青岛联合同创企业发展公司共同成立,双方将充分发挥各自资源优势,构建专业化大宗物资进出口贸易平台,为国内钢铁企业提供低成本、高效率的服务。

青岛融汇同创国际贸易公司为济宁能源发展集团旗下控股企业,设立于山东青岛,主要从事进口铁矿石、煤炭、焦炭、钢材等业务。该公司的成立,是济宁能源发展集团“延伸产业链、打造供应链、提升价值链、拓展国际市场”的战略举措，标志着济宁能源发展集团“贸易＋金融＋物流”全产业链发展迈出了坚实一步，这也是济宁推动陆海内外联动、东西双向互济格局的重要举措。

据了解，济宁能源发展集团是济宁市骨干国有企业，主营煤电、港航物流、大宗商品贸易、高端制造四大板块业务。近年来，济宁能源发展集团认真贯彻省市决策部署，以打造立足京杭大运河、辐射长三角、影响全国、联通世界的千亿级大宗物资供应链集成服务商为目标，大力实施“贸易引领”战略，建设大港口、发展大物流、培育大产业，构建“港贸船产建融”一体化发展格局。2022年完成港口吞吐量3566万吨，实现营收576亿元、利税60亿元，位居全国物流行业50强第32位，港口吞吐能力、船舶运力居全省内河港口第1位。

青岛联合同创企业发展公司深耕大宗物资进口业务多年，拥有丰富的业务经验和成熟的管理团队。投资的印度卡斯威(KASHVI)铁矿年产能400万吨，并与力拓、淡水河谷等行业巨头建立了良好的业务关系。

下一步，青岛融汇同创国际贸易有限公司将树立“开放合作、互利共赢”的经营理念，对标行业一流企业，深化与山东港口、中国外运等伙伴合作，充分利用青岛口岸政策优势，为国内钢铁企业提供低成本、高效率的服务。同时通过协同上下游、服务产供需，促进贸易联通、物流畅通、资金融通和情谊相通，更大格局建设济宁对内陆和国际开放的桥头堡。

当日活动上，青岛融汇同创国际贸易有限公司分别与山东港口青岛港集团、山东港口日照港集团、江苏欣海、冀南钢铁集团、闽源钢铁集团等12家港口和企业签订了合作协议。

四、短

新闻报道一定要简明扼要、短小精悍。新闻短了，就能更广泛、更大量地报道各条战线、各行各业的新情况、新人物、新经验、新问题，使报纸内容更丰富、版面更活泼。

一般地说，新闻有事实的片段性和事件的连续性的特点。新闻不是总结报告，而是经常地、不断地向读者报道客观世界的最新变动情况。所以，大量的新闻应该是一事一报、一阶段一报，简洁明快，应避免“大而全”和“流水账”，更不要眉毛胡子一把抓，繁乱不已。请看《大众日报》2019年5月9日第9版刊发的新闻《济宁能源海纳科技拿到“新三板”入场券》：

济宁能源海纳科技拿到“新三板”入场券

王传钧

本报济宁讯 近日,济宁能源发展集团海纳科技公司获准在全国中小企业股份转让系统挂牌,这标志着该公司正式拿到了“新三板”入场券,开启通往资本市场的大门。

海纳科技公司于2016年启动新三板上市调研及可行性分析工作,2017年6月正式开始挂牌程序,当年10月完成股改,整体变更为股份有限公司。年内海纳科技公司挂牌新三板后,将继续坚持以增高端、提智能、创品牌为方向,围绕新旧动能转换,重点突出产品智能化、装备轻量化、生产自动化、再制造高端化、激光产品产业化;围绕运营管理体系升级,重点突出市场化运作,推动公司产品结构优化升级,致力于打造成为一家科技含量高、竞争能力强、有一定规模的上市公司。

五、实

用事实说话是新闻的重要特征。新闻的特殊价值和独特作用,就在于它用报道客观存在的事实来表达出自己要说的道理、观点、思想,用事实来影响读者。事实最有说服力和感染力。新闻要写得实,就要采取客观报道的形式。

那么,怎样才能更好地用事实说话呢?

(一)概括事实

对大量具体材料进行综合分析,抓住事物的主要方面、主要特征,寥寥几笔,勾画出一个大致的轮廓。

(二)精选事例

选择典型的、能反映事物本质和特点的事例,以少胜多,说明问题,给读者以深刻的印象。

(三)再现场景

具体、生动的现场情景描写,可以为读者展开生活画面、增强新闻的说服力和感染力。

(四)对比和衬托

有恰当的事实作对比和衬托,新闻就会更鲜明、丰满,甚至能使主题升华到一个新的高度。

第五节　新闻速成稿，关键是写得巧

随着新媒体时代的到来，宣传报道的表现形式愈发丰富，新闻媒体平台日益增加，新闻创作也在不断创新与优化。这时，一些通讯员就想走捷径，渴望"速成"。那么，如何写作新闻速成稿，有没有什么好招？有，关键是写得巧，而且简单有效。

一、标题

新闻稿的标题是内容的高度概况，一般包括"主体＋事件＋结果"。

比如：

提前40天！梁山港基础设施配套提升项目主体结构顺利竣工

梁山港集装箱业务启动，放大港口"磁吸效应"助力高质量发展

济宁能源集团举办争创全国文明单位有奖答题闯关活动

济宁能源集团与济宁学院签约，5位博士教师挂职企业"科技副总"

标题要以简要、突出、吸引人为原则，也可以用复式标题。

比如：

钻出来的"状元"

——记济宁矿业集团首席技师卢春雷

巧化危机保供应　逆势增效降成本

——物资公司在"大物资"改革推进上大显身手纪实

艰苦创业当铭记　落陵精神须传承

——落陵盛源公司实施二次创业加快转型发展纪实

绿色先行　快人一步

——梁山港大力发展绿色运输走低碳发展之路纪实

二、"三段式"新闻稿

我们可以把新闻稿简单地分为三部分，即基本信息、主体内容、活动意义或下一步打算（计划）。

第一段：基本信息。这一段主要包括时间、地点、人物、结果等，目的是将整个事件简明扼要地表达出来，让读者看了之后有一个清晰的认知，明白新闻的基本事实。

1月3日下午，济宁市委书记、市人大常委会主任林红玉到济宁能源跃进港、龙拱港项目建设现场调研推进重点项目建设，市委常委、副市长王宏伟参加调研，济宁能源党委书记、董事长张广宇陪同。

（基本信息：调研时间＋人物＋地点＋主要参加人员）

第二段：主体内容。这一段主要写整个事件的详细情况，包括但不限于现场汇报重点、领导讲话要点、经验分享提炼、专家观点、上级精神贯彻等，目的是让整个事件看起来有血有肉，更加丰满、立体，符合国家大政方针和时代潮流趋势。

在调研现场，张广宇分别汇报了跃进港区钢材加工交易基地和粮食加工交易基地规划建设情况，以及龙拱港建设运营情况和疏港道路、铁路专用线规划建设情况。林红玉要求，要深入学习贯彻党的二十大精神，按照市委经济工作会议部署要求，充分发挥我市内河航运资源丰富的优势，聚焦"亿吨大港、百万标箱"任务目标，抓机遇、强建设、促运营、争项目、育品牌，一体推进"物流、贸易、产业"融合并进，强力突破现代港航物流发展，全力争创"港口型国家物流枢纽"。

（主体内容：活动流程＋现场汇报＋领导要求）

第三段：活动意义或下一步打算（计划）。这一段主要总结事件的意义，多表述为"此次活动有助于……促进了……提高了……"，目的是对事件总结陈述、凝练提高、升华意义；或者是告知下一步工作打算，多表述为"下一步……将……实现……"，目的是对未来进行展望，彰显广阔的发展前景和丰厚的收益，以及重大促进作用或重要意义。

下一步，济宁能源将坚持以港促产、以产带城，立足我市及周边区域产业发展需求，加快建设京杭多式联运物流园区，整合市内粮食及钢材资源要素，启动实施跃进港百万吨级粮食港区和百亿级钢材集群、龙拱港百亿级港产城融合示范项目，实现“优势互补、错位发展”。同时，围绕现代港航物流开展招商引资、招才引智，力促企业“强强联合”，共同做大港航物流产业。

（活动意义：总结陈述＋凝练升华；或者未来展望：下步计划＋将来效果）

为了便于理解，再举一个相对完整的“三段式”新闻稿的例子。请看《中国煤炭报》2016年4月6日第2版刊发的新闻《济矿集团实行经营班子“AB角”补位制》：

济矿集团实行经营班子“AB角”补位制

本报讯　近日，为更好地促进集团经营班子的协作配合，山东省济矿集团在经营班子成员间设置了“AB角”，实行经营班子“AB角”补位制，以避免工作缺位或空岗，确保公司各项经营管理工作高效运行。这是该集团成立以来首次在经营班子层面设置“AB角”，该设置一露面就受到了集团内部和外界社会的关注。

据了解，“AB角”的内容为：A角对某项工作主要负责，B角应主动熟悉并协助A角做好该项工作，当A角不能完成该项工作时，由B角接替完成该项工作，并切实负起责任；而且互为AB角的人员，原则上不能同时出差或休假。为了更好地执行“AB角”补位制，济矿集团还专门下发了《关于济矿集团经营班子AB角设置的意见》。该意见要求，集团经营班子成员在保持原分工不变的情况下，互为“AB角”；AB角要保持工作上的合力，互相配合、互相照应、拾漏补缺。AB角要加强沟通，加快推进各项工作，形成团结协作、干事创业的良好局面。

据悉，实行经营班子“AB角”补位制是一种明智的务实之举，特别是在实现工作无缝对接或者处理紧急突发事务时，意义格外重大。**（王传钧）**

三、其他注意事项

要写好一篇新闻稿，还应该注重“四个角度”和“写作六要”。

（一）四个角度

1. 思想角度

思想角度是最重要的新角度。如一个支部开展的活动，单从范围来说，算不上大的新闻，但如果从加强思想政治学习的角度来看，就会有报道的价值。

2. 特色角度

一些节日的庆祝活动每年都大同小异，但我们如果找准了该年活动的特色内容进行报道，就能写出有价值的新闻。

3. 读者角度

要注意研究同人民的物质生活和精神生活紧密相连的问题，选择发生在日常工作、生活中的“小事”，以小见大，才能增强新闻的吸引力。作为通讯员，只有经常注意观察他人的学习和生活状况，了解他人的意见和要求，从他人最关心、最想知道的内容入手，才能写出有意义的新闻。

4. 时间和空间角度

有些新闻事实，在不同的时期、不同的空间，其重要的程度也会发生一定的变化。有的事实发生在去年算不了新闻，但发生在今年却能算新闻；有的事实发生在A单位算不了新闻，但发生在B单位却算新闻；有的事件和话题，在一定时期内迫切需要解决，对实际工作能起推动作用；有的问题在一定时期内是干部和群众关注的焦点，具有重大意义。

（二）写作六要

1. 指向要明

在动笔之前，文章到底要写什么，想达到什么目的、表达什么观点，要做到心中有数，这样写作时就会有目标，就会紧扣中心，就不会离题。作为通讯员，要达到自己的目的，要了解报刊的宗旨，把报刊的宗旨与自己的目的很好地衔接起来。我们在了解宗旨的同时，要了解报刊的稿件要求，仔细研究各个版面、各个栏目文章内容之后，再结合所在部门机关党政工作实际，确定主题、整理素材、选好角度、有的放矢、投其所好，从而写出“产销对路”的稿件。

2. 观点要对

新闻观点要正确、要讲政治。我们通讯员都是党的干部，讲话、办事要讲政治，写文章更要讲政治，要遵守政治纪律和政治规矩，要与党中央的方针政策保持一致，要与省委、省政府和市委、市政府的战略决策保持一致，坚持弘扬主旋律。这就要求我们要注意提高思想政治素质，钻研党和国家的方针政策、法律法规，以敏锐的政治意识评判文章观点，坚守政治立场。

3. 题材要好

所谓好的题材，一是指稿件内容能引起干部、群众对普遍性问题的思考；二是指稿件中的新闻事件和经验做法具有特色，可通过报道引起关注；三是指题材要新颖，尤其是新闻报道的素材要新；四是指稿件中所反映的新闻事实和经验做法在全省、全国，或者某一范围内具有指导、借鉴意义。

4. 题目要新

拟定了好的新闻标题等于成功了一半。题目新颖，容易吸引编辑的注意，也容易吸引读者的眼球。拟定标题时，要能体现新观点、新思想、新角度，可巧用数字、方言、成语等，要抢眼，要有亮点。标题不宜过长，要控制在20个字以内。标题概括的内容越具体，特点越突出、越鲜明，则标题质量越高。

5. 条理要顺

一篇好的文章，必须要做到条理清晰、结构合理、层次分明、主题突出、详略得当。一篇好的新闻报道是内容和写作技巧的有机结合，要力求做到内容上围绕中心、突出重点，形式上开门见山、直奔主题，结构上详略得当、严谨周密，语言上准确朴实、恰到好处。

6. 文要多改

好稿都是改出来的。要提高稿件质量，反复修改是必不可少的。稿子完成后，要多看几遍，把多余的字、词和段落删去，把一些基本的差错消灭掉。除了自己认真、细心修改文章以外，还可以请同事和相关领导修改，他们能从不同的角度提出意见和建议，并提供帮助。

第三个锦囊：

改稿有何诀窍？组稿有啥门道？

第一节　改稿为改好,越改问题越少

法国作家莫泊桑带着一篇新写的短篇小说去请教福楼拜。他发现福楼拜桌上有厚厚的一叠文稿,而且每页都只写一行,其余九行都是空白。莫泊桑问:“您这样不是太浪费纸了吗?”福楼拜笑了笑说:“亲爱的,我一直有这样的习惯,一张纸上只写第一行,其余九行是留着修改用的。”莫泊桑听了,立即告辞,赶紧回家修改自己的小说去了。

《人民日报》地方部副主任费伟伟认为,任何作品都只有反复修改才能臻于完善,新闻报道更是如此。因为新闻不是从容不迫的文体,新闻的写作往往也没有那么从容。常言道,萝卜快了不洗泥。写完报道改一改,以去掉萝卜上的泥。稿子上的“泥”通常表现在整体结构和遣词造句两个方面:一方面,作者落笔前是有框架的,但一旦写起来就难免信马由缰,写着写着就偏离了起初的构思,交稿时间又在那里卡着,最好的选择就是通过修改进一步厘清思路,让文章逻辑清晰、脉络分明、理通气顺;另一方面,仓促行文导致繁杂、便捷和快速的文字堆积,或枝蔓太多、或语言啰唆、或用词不当,通过改稿可以删繁就简、琢句炼字,让稿件更加准确、鲜明、生动。

一、普通改稿法

(一)先看一遍

只有认真通读全文,才能对稿件的主题、结构以及语言的使用有一个全面的了解,并在此基础上确定需要修改的地方。在这个阶段,稿件阅读得越仔细,就越能够发现修改的方向和重点,稿件的修改也就越完善。

(二)着手修改

在通读一遍后,应回过头来对需要修改的地方仔细揣摩、细细衡量。在进行第二遍阅读时,编辑可能会产生一些新的想法和认识,进行更为缜密的思考,不但要综合考虑文章的结构,还要做到字斟句酌。

(三)检查性阅读

当你按自己的修改思路对稿件进行修改后,还有必要再对整个修改稿从头到尾阅读一遍。这样做的目的是检查修改得是否全面、是否符合原意,如果发现还有不尽如人意的地方,还得再次斟酌。所以,反复阅读的过程,常常也是再修改、再提高、再完善的过程。好的稿件都是改出来的,并不是只改一遍。

二、修改哪些方面

“一字之失,一句为之蹉跎;一句之误,通篇为之梗塞。”要把好文稿最后一道关口,争取做到“零差错”“零失误”,要在校对、改稿上下足功夫,哪里容易出错,要心中有数、有的放矢,要不厌其烦、反复推敲。

(一)错别字、汉字与阿拉伯数字混用及标点符号的错误使用

1. 稍一疏忽就中招的错别字

再好的文稿,读者如果发现一个错别字,对该稿的印象马上就会大打折扣。例如,将“安装”误写成“按装”,将“艾滋病”误写成“爱滋病”,将“经典”误写成“精典”,将“美轮美奂”误写成“美轮美换”,将“账单”误写成“帐单”,将“兴高采烈”误写成“兴高彩烈”,将“出其不意”误写成“出奇不意”,将“按部就班”误写成“按步就班”,等等。

2. 数字的混用和标点符号的错误使用

(1) 阿拉伯数字与汉字的混用。

如将“八月十五中秋节”误写成“8 月 15 中秋节”,将“清乾隆二十三年”误写成“清乾隆 23 年”,将“六方会谈”误写成“6 方会谈”,等等。

(2) 标点符号错误。

如:“这究竟是怎么回事? 同志们。”应改为:“这究竟是怎么回事同志们?”

“浦东展开了翅膀,她是那样欢快、昂扬、奋发、正在向辉煌的明天飞去。”应改为:“浦东展开了翅膀,她是那样欢快、昂扬、奋发,正在向辉煌的明天飞去。”

(二)前后不一致和多字、漏字

1. 上下文不一致

这里主要包括人名、地名、数据、时间前后不一致。对于这类差错,在通读整篇文章的过程中,一定要注意关键性的字词,特别要留意前后比对,有时候区别往往很细微。如:前面称“梁先生”,后文又说“粱先生”。

2. 事实性差错

(1) 人名、地名、单位名出错。一些比较常见的,如重要领导人的名字、职务及排序,地名、单位名等,必须要准确无误。

(2) 与事实不符。关于事实性差错,编校人员要想发现它,需要在平时的工

作、生活中多积累。对于一些常见的地名,重要领导人的名字、职务与排序等要熟记于心。

3. 多字、漏字

(1) 画蛇添足型。

如:“将房子赠予给弟弟”,应删去“给”字。

“继续延续着自己的良好手感”,应删去“延续”。

(2) “近”与“多”、“将”与“了”等无法兼容的词出现在同一句话中。

如:“参展者带来了近 200 多件精美瓷器”,应根据实际情况删去“近”或“多”。

(3) 衍文。衍文是指因录入、排版等出错而多出来的字句。

(三) 其他各类不当

1. 用词不当

这类差错在报上很常见,有时是形容词用词不当,有时是动词用词不当,等等。如:“画家义务为学生讲座”中的“讲座”作为名词,不能充任谓语,应将“讲座”改为“开讲座”或“讲课”。碰到这类差错,需要校对人员准确掌握字词的含义、词语的词性和句子、文章所要表达的真实意思,也就是说汉语言的基础要非常扎实。

2. 词序不当

这类差错属于低级差错,只要认真仔细地通读,基本都能校对出来。但是,也有一部分情形比较复杂,如:“全部将乱摆卖物品查扣”应改为“将乱摆卖物品全部查扣”。

3. 时间不当

这类差错很多是由于作者或编辑的疏漏造成的,甚至由此造成标题差错。这类差错具有一定的隐蔽性,除需上下文对照外,还要细细思量、仔细校对才行。

三、改稿校对的六种方法

无论是谁写的稿子,第一校对人都应该是作者自己。因此,每一位作者都应该学会一些简单的校对方法,以最大限度地减少各类差错。

(一) 查多少

查多少,主要是检查字词、标点是否多了或者少了。如有人在写年度总结报告时,将年度销售收入“15 亿元”写成了“15 元”,缺了一个“亿”字,让人啼笑皆非。

也有多字的，如“我真的非常喜欢写作用”，多了一个“用”字。

（二）核事实

核事实，主要是检查文稿的表述是否与事实相符。

如：将“中央全面深化改革委员会”错写成“中央全面深化改革领导小组”，将“亚洲基础设施投资银行”错写成“亚洲基础设施开发银行”，将“国家科学技术奖励大会”错写成“全国科学技术奖励大会”。

（三）看逻辑

看逻辑，主要指的是检查前后表述是否矛盾或重复。

如“目前，某市常年交通拥堵”中，“目前”与“常年”前后矛盾，应改为“目前，某市交通拥堵”；“2018年，镇级和镇政府共收到群众来信200件”中，“镇级”和“镇政府”重复，应改为“2018年，镇政府共收到群众来信200件”。

（四）朗读校

朗读是简单且有效的校对方法，而且长期坚持可以形成良好的语感。晚清名臣曾国藩曾说：非高声朗诵则不能得其雄伟之概，非密咏恬吟则不能探其深远之韵。著名教育家叶圣陶曾指出，吟诵的时候，对于讨究所得的不仅理智地了解，而且亲切地体会，不知不觉之间，内容与理法化而为读者自己的东西了，这是最可贵的一种境界。

念文稿时，要把自己想象成发表讲话的人，语速要张弛有度，该快的地方快，该慢的地方慢，不能一带而过；语调要抑扬顿挫，如行云流水、一气呵成。如果念到某处磕磕巴巴，说明这里可能有问题，要停下来用笔标注一下，等稿子念完后，再细致检查，往往会发现问题。

（五）协作校

协作校是指在定稿前，找来同事，一个读稿、一个看稿，读着读着就能发现问题。

实践证明，在相互协作下，往往能够发现一些不容易看出来的问题。

（六）反复看

文章不厌百回改，反复推敲佳句来。

一篇文稿形成后，不用马上看，可以把文稿放一放、去做其他事，等夜深人静时回过头再来看一看，也许会找到文稿中的不足或错误，收得意想不到的效果。

此外，在引用古诗词、文言文时也很容易出现差错，要特别注意鉴别。

第二节　改稿有诀窍,精雕细琢乃成器

刘勰在《文心雕龙》中说“改章难于造篇”,意思是改文章要下大力气、苦功夫。我们需要的是琢玉成器的执着,发现问题,衡量轻重,决定取舍,不断提高文字修养,增强逻辑、语法、修辞方面的知识和能力,不断提高修改文章的本领。

修改文章时,可以在文中增加一些以前不曾想到而又十分重要的内容,也要删去一些烦琐、冗长、无关紧要的语句。修改后的文章,要达到用词准确、结构合理、语言生动、富有情感。

一、换语句顺序

有些稿件啰唆冗长,语句顺序有误是很重要的一个原因。最简洁的语序应为“主语+动词+宾语”。举例如下:

① 对集镇周边8个行政村的自来水管网进行改造升级,项目总投资1200万元。

② 投入60余万元对水果市场设施设备进行更新,对市场周边进行专项环境卫生整治。

③ 累计筹集20万元,完成市分行视频监控中心改造。

修改后如下:

① 投资1200万元对集镇周边8个行政村的自来水管网进行改造升级。

② 投入60余万元更新水果市场设施设备,专项整治市场周边环境卫生。

③ 筹集20万元改造市分行视频监控中心。

二、合并同类项

文章冗长还有个原因,就是同样的事反复说,前面讲了一遍,后面再讲一遍。举例如下:

① 开展县级支行(信贷组)党支部党风廉政建设责任制考评和机关部室党风廉政建设责任制考评,促进各级领导干部尽职履责。

② 结算类手续费收入7.23万元,咨询顾问类业务收入2.33万元,国际业

务收入1.78万元，代理保险业务收入10.23万元。

修改后如下：

① 开展县级支行（信贷组）党支部和机关部室党风廉政建设责任制考评，促进各级领导干部尽职履责。

② 结算类手续费、咨询顾问类业务、国际业务、代理保险业务收入分别为7.23万元、2.33万元、1.78万元、10.23万元。

三、删掉多余词

看一段话简洁不简洁，有个方法就是反复读，如果有的词省略也不影响语意的话，可以直接删掉。举例如下：

① 与地方政府相关领导和部门进行现场对接，组织人员赴企业宣传我行政策，加强信息沟通。

② 制定了《2023年工作考核方案》，对相关工作完成情况进行动态监测。

③ 对已超过7名党员的科室党支部……

修改后如下：

① 与地方政府相关领导和部门现场对接，组织人员赴企业宣传政策，加强信息沟通。

② 制定《2023年工作考核方案》，对相关工作完成情况进行动态监测。

③ 对超过7名党员的科室党支部……

四、少用修饰词

我们在写作时，往往喜欢加点修饰词，以便更好地表达语气和情感。但是，在新闻稿中要少用修饰词。举例如下：

① 办证、药具窗口入驻便民服务中心，有效服务群众的形式更加多样便捷。

② 扎实推进美丽乡村建设。

③ 不断健全完善考核奖励机制。

④ 组织观看《巡视利剑》等典型案件警示教育视频。

修改后如下：

① 办证、药具窗口入驻便民服务中心，服务群众的形式更加多样便捷。

② 推进美丽乡村建设。

③ 不断完善考核奖励机制。

④ 组织观看《巡视利剑》等视频。

文章要改成怎样才算完美呢?用一副对联来形容:删繁就简三秋树,领异标新二月花。文章的枝干、脉络要清楚,重点要突出,像“三秋树”一样;文章的内容要具有新意,如同二月的鲜花一样艳丽。

第三节　改稿易、发稿难,润色好、巧过关

一、修改润色的四个规矩

（一）多余的“的”,一概不留

余光中曾说:“少用‘的’字,是一位作家得救的起点。”删掉多余的“的”字,文章会更加简洁、更加精彩。

（二）少用长句,多用短句

多用短句,灵韵律动;少用长句,简洁明快。文章中如果长句太多,会让人觉得累赘,从而降低阅读欲望。

尤其在如今的手机刷屏时代,短句才能匹配“刷屏”节奏的高效阅读方式。所以,多短句,少长句,相得益彰,张弛有韵。

（三）力求简洁,删掉冗词

什么是冗词?就是冗赘的词,比如一些副词、形容词、口头禅、口语化的词,等等。写文章时,简洁凝练是第一要义,有些可用可不用的词应尽量不用,如“的”“了”“进行”“通过”等。

（四）标题抢眼,画龙点睛

标题如门面,一定要把标题修改润色好,使其更加通俗易懂,让读者一看便知文章的大概内容,一看就会被吸引。

二、新闻稿修改润色实例

[实例一]

原稿:

花园煤矿推行零星工程承包经营减少外委费用

近日,集团公司相关部门对花园煤矿开展了蹲点帮扶工作,经调研,花园煤矿推行的零星工程承包经营的做法不仅为企业节省了外委费用,而且提高了施工单位和员工的工作积极性,具有一定的推广价值。

该矿制定了零星工程承包经营相关办法,规定各承包工程施工前均由生产技术部或机电技术科牵头组织,矿分管领导、劳动人事科及施工单位共同参与,对施工现场安全状况、运输线路及机电设备等进行细致的查看。根据现场施工条件、难易程度、工作量大小及工期安排确定施工方案,并报矿研究审核。矿与施工单位签订工程承包合同,约定双方责任和义务,明确施工工艺、施工工期、总工时或总承包费用等内容,并按照承包合同进行考核验收。承包单位提前完成施工任务,给予一定的奖励;因自身原因导致的工期后延,视实际情况给予处罚。具体奖惩措施在承包合同中约定。如在工程承包过程中发生材料丢失、损坏或安全事故,按矿及职能科室相关规定执行。

据悉,该承包经营办法已在东翼轨道下山猴车安装工程、二采区猴车安装、东翼胶带巷皮带机、井下砌筑风门等工程中成功试用。据不完全统计,通过承包经营为企业节约外委费用近百万元。

区队承包工程后,不仅能充分发挥主观能动性,调整劳动组织,优化生产工序,而且职工能通过额外劳动获得更多的利益,杜绝了以往吃大锅饭、消极怠工、出工不出力的情况。

通过推行此办法进一步减少了企业外委零星工程,提高了施工单位、施工人员的积极性及主动性,实现了提质提效、企业降耗、员工创收的实际效果。

原稿的标题一般,不易吸引编辑或者读者的眼球,被采用的概率不大。请看改后稿:

员工能多创收　企业可少花钱

花园煤矿零星工程承包经营的做法值得推广

近日,集团公司相关部门在花园煤矿蹲点时,对该矿"零星工程承包经营"的做法以座谈交流的方式进行了专题调研,发现该矿零星工程承包经营的做法不仅可以为企业节省外委费用、让企业少花钱,而且还能提高该矿施工单位和员工的工作积极性,员工也能从中多创收。此做法尤其适合当下的煤矿企业操作,具有一定的推广价值。

据了解,该矿制定了零星工程承包经营相关办法……

修改润色后的新闻标题指向更加明确——员工能多创收、企业可少花钱,学习借鉴意义更加突出——花园煤矿零星工程承包经营的做法值得推广。这样一修改润色就把文章主旨凸显出来了,新闻的价值也就放大了,值得编辑采用、编发。

［实例二］

原稿：

新工服、新气象、新征程

金牛辞旧，瑞虎迎春，2022年新春将至，梁山港既为各岗位机台操作工换发了新式操作工工作服，又为所有职工换发了新式工装。

此次操作工工作服的发放，是为切实强化公司工作服的发放、使用和管理机制，及时解决职工提出的合理需求。根据职工提出的意见建议，及时对接物资公司，解决操作工工作服不耐穿等一系列问题，将纯棉工作服统一更换成加反光条的牛仔面料工作服。

操作工工作服和新式工装的发放，展示了公司的良好形象，传递了梁山港对广大职工的关心和祝福。

原稿的新闻标题没有说清新闻的主要内容，甚至都没有讲明白是哪个单位开展的什么活动。这样的新闻，标题没有章法，指向不明，是很难发表的。请看改后稿：

安全、舒爽！梁山港职工换发了新式工服、工装

金牛辞旧，瑞虎迎春，2022年新春将至，梁山港既为各岗位机台操作工换发了新式操作工工作服，又为所有职工换发了新式工装。

此次操作工工作服的发放，切实强化了公司工作服的发放、使用和管理机制，及时解决了职工提出的合理需求。根据职工提出的意见建议，及时对接物资公司，解决操作工工作服不耐穿等一系列问题，将纯棉工作服统一更换成加反光条的牛仔面料工作服。

操作工工作服和新式工装的发放，展示了公司的良好形象，传递了梁山港对广大职工的关心和祝福。

改后的新闻标题指向明确具体，一看标题就知道哪家企业发生了什么事、效果如何等。这是能够让新闻“活起来”的办法。把标题改好，特色鲜明，与众不同，才能吸引编辑的眼球，才有机会发表。

［实例三］

原稿：

次煤泥招标“走俏”阳城

3月22日，阳城煤电组织对2000吨次煤泥进行竞标销售，提高了客户热情，为企业增收17.4万元。

近一段时间以来，阳城煤电受井下生产条件影响，产煤量不高。为进一步提高客户热情，增加销售收入，阳城煤电决定对堆放在煤仓西边的2000吨次煤泥进行竞标销售。第一轮次煤泥报价就达到了126元/吨，远高出底价。此后客户竞标热情一路高涨，价格一路走高，经过21轮的竞标，最后次煤泥的成交价格比底价整整高出了87元/吨，竞标2000吨煤泥为企业增收17.4万元。

在经济下行的严峻形势下，阳城煤电煤炭销售不等、不靠，采取灵活的销售方式，既提高了客户的购买热情，又为企业增加了一个利润增长点。

次煤泥招标是个新鲜事，但原稿标题中的“走俏”二字不足以展现此次招标的带动作用和影响力。请看改后稿：

一次增收17.4万元　阳城煤电次煤泥招标得实惠

3月22日，阳城煤电组织对2000吨次煤泥进行竞标销售，提高了客户热情，为企业增收17.4万元。

近一段时间以来，阳城煤电受井下生产条件影响，产煤量不高。为进一步提高客户热情，增加销售收入，阳城煤电决定对堆放在煤仓西边的2000吨次煤泥进行竞标销售。第一轮次煤泥报价就达到了126元/吨，远高出底价。此后，客户竞标热情一路高涨，价格一路走高，经过21轮的竞标，最后次煤泥的成交价格比底价整整高出了87元/吨，竞标2000吨煤泥为企业增收17.4万元。

在经济下行的严峻形势下，阳城煤电煤炭销售不等、不靠，采取灵活的销售方式，既提高了客户的购买热情，又为企业增加了一个利润增长点。

改后的新闻标题，突出了令人眼前一亮的“一次增收17.4万元”的数据；去掉了原标题中的“走俏”，增加了“得实惠”，新闻价值凸显，也值得其他企业学习借鉴，稿件被采用的概率明显提升。

[实例四]

原稿：

花园煤矿管理人员打扫办公楼忙上加忙不喊累

自4月1日，我矿后勤保障科辞退了6名保洁公司人员，每月为矿节约开支

6000 多元。

为了节省非生产性支出，我矿与物业保洁公司解除了保洁合同，行政办公楼和采掘楼的环境卫生由科室人员负责。为了保证行政办公楼和采掘楼的环境卫生一如既往，我矿根据各部门所在办公地点重新划分了卫生保洁区，采用轮流值日和楼层包保责任制的方式。通过近几日的情况来看，各部门人员分工明确，清扫效果非常好。目前，大家除了本职工作外，又多了一项“分外之事”，真是忙上加忙了。尽管如此，大家还是纷纷表示，矿上现在困难，自己理应为矿上承担压力，绝不会让矿上的卫生标准有丝毫的下降。

原稿中隐藏着淡淡的负面情绪，尤其是“忙上加忙不喊累”“分外之事”等字眼，似乎让人感觉到不情愿、不喜欢、不乐意的成分。请看改后稿：

花园煤矿：管理人员义务做“保洁”　每月节省开支 6000 多元

近日，花园煤矿为了节省非生产性支出，自 4 月 1 日起与物业保洁公司解除了保洁合同，辞退了 6 名保洁公司人员，行政办公楼和采掘楼的环境卫生今后改由科室人员负责，此举每月可为该矿节约开支 6000 多元。

据了解，为了保证行政办公楼和采掘楼的环境卫生一如既往，花园煤矿根据各部门所在办公地点重新划分了卫生保洁区，采用轮流值日和楼层包保责任制的方式。

通过近几日的情况来看，各部门人员分工明确，清扫效果非常好。该矿科室人员表示，矿上现在困难，自己理应转变观念为矿上多做些力所能及的事，绝不会让矿上的卫生状况下降。

修改润色后的新闻标题，角度换了——从简单的“打扫办公楼”转换到“义务做‘保洁’每月节省开支 6000 多元”，使新闻稿成了节支降耗方面的好稿子。同时，稿件内容也进行了调整，去掉了“负能量”的字眼，整体上给人以正能量满满的感觉，也展现出了管理人员“义务做保洁”的崇高思想境界，带头节支降耗，率先垂范。

［**实例五**］

原稿：

简　讯

7 月 6 日，济宁市总工会联合济宁市安委会办公室组织的查保促活动全市职工演讲比赛在济宁广播电视台演播大厅举行。集团公司代表队参加了“查保促”全市职工演讲比赛的决赛，来自阳城煤电的刘焱获得三等奖的好成绩，集团公司同时获得本次活动的优秀组织奖。

从原稿可以看出，作者只想写个简讯就交差。实际上，这是全市的一项活动，完全可以写得再丰满一些，多报道一些具体内容。作为当时《济宁能源报》的执行主编，我意识到这篇稿完全可以改成一篇消息稿。于是，我积极收集材料，并跟作者通电话，得知了很多活动细节。请看改后稿：

集团代表队参加“查保促”全市职工演讲比赛获佳绩

7月6日，为进一步提高职工的安全意识和安全素质，丰富职工安全生产文化生活，营造“关注安全、关爱生命”的浓厚氛围，济宁市总工会联合济宁市安委会办公室组织的“查保促”活动全市职工演讲比赛在济宁广播电视台演播大厅举行。集团公司代表队参加了“查保促”全市职工演讲比赛的决赛，来自阳城煤电的刘焱获得三等奖的好成绩，集团公司同时获得本次活动的优秀组织奖。

在演讲比赛现场，选手通过一个个真实的案例、一件件感人至深的故事，博得了现场观众的阵阵掌声。台上的选手全情投入，台下候场的选手也在积极准备。自演讲比赛开展以来，初赛选拔31名选手进入预赛，激烈角逐最终12名选手进入决赛。

据了解，为充分发挥广大职工群众在促进企业安全生产中的重要作用，从2013年12月开始，市总工会在全市范围内开展了“查身边隐患、保职工安全、促企业发展”群众性安全生产活动。

“查保促”活动开展以来，全市各级工会干部下基层、进企业，发动职工最大限度地排查身边的安全隐患，并督促企业对安全隐患进行及时整改，有效防范了各类事故的发生。活动开展以来，全市各级工会组织开展安全知识培训6000多次，培训职工90多万人，基层以上工会干部包保企业6000多个，督导“查保促”活动1万余次，职工自下而上查出安全隐患4万多项并得到了及时整改。

改后的稿，不仅有了新闻标题，也比原稿内容充实了很多，并展示出了更多细节——活动开展以来，全市各级工会组织开展安全知识培训6000多次，培训职工90多万人，基层以上工会干部包保企业6000多个，督导“查保促”活动1万余次，职工自下而上查出安全隐患4万多项并得到了及时整改。这次活动的意义非同寻常，新闻价值大，所以值得报道。

[实例六]

原稿：

朱家峁煤矿提高服务质量

在当前严峻的经济形势下，朱家峁煤矿销售工作不断强化服务意识、提高服务质量，多措并举为企业创利增效。为千方百计做强煤炭营销工作，在煤场附近搭建了临时板房，给销售客户提供了一个良好的工作和休息场所，保持了与客户良好的合作关系，稳定了客户群体。达到了双赢的目的，赢得了广大客户的好评。

原稿仅为一个自然段，事件没有说清楚、问题没有说清楚、意图没有说清楚。请看改后稿：

朱家峁煤矿提高服务质量稳定销售客户群体

近期，随着国家压减煤炭行业过剩产能，严格要求执行"276天工作日和严格按核定产能生产"限产政策，加之经济呈阶段性企稳态势，煤炭市场供求关系逐渐趋向平衡，在此利好的情况下，朱家峁煤矿销售工作不断强化服务意识、提高服务质量，多措并举为企业创利增效。

为千方百计做强煤炭营销工作，朱家峁煤矿负责运销的人员专门在煤场附近搭建了临时板房，给销售客户提供了一个良好的工作和休息场所，保持了与客户良好的合作关系，稳定了客户群体。

此举是卖家关心关爱和真诚尊重买家的良性互动，增进了彼此间的信任和感情，充分打动了客户，赢得了广大客户的一致好评，达到了互惠双赢的目的。

改后稿首先介绍了时代背景，也就是当时的市场大环境；然后讲述了朱家峁煤矿提高服务质量、稳定销售客户群体的具体措施；最后阐述了这样做的目的、意义和最终效果。

[实例七]

原稿：

金源煤矿班组长安全培训

7月11日，金源煤矿组织人员到济宁安全煤矿培训中心，参加四天为期的班组长培训。

该培训采用典型违章事故案例,如"把钩工违章作业""隐患排查不到位""信号工违章作业"等,向班组长们讲解基层安全管理的重要性,并介绍了抓好基层安全管理的几种方法。

通过学习培训,学员们普遍反映,在培训过程中增加了安全管理知识,交流了安全管理经验,开阔了安全管理眼界,明确了作为班组长在煤矿安全生产过程中的责任。

原稿标题不够完整、内容表述不正确、语句不通顺。请看改后稿:

金源煤矿派员参加班组长安全培训活动

7月11日,金源煤矿组织基层班组长到济宁煤矿安全培训中心,参加为期四天的班组长培训活动。

该培训采用典型违章事故案例,如"把钩工违章作业""隐患排查不到位""信号工违章作业"等,向班组长们讲解基层安全管理的重要性,并介绍了抓好基层安全管理的几种方法。

通过学习培训,学员们加深了对安全管理知识的理解、交流了安全管理经验、开阔了安全管理眼界,更加明确了作为班组长在煤矿安全生产过程中的责任。

修改润色后的稿件标题完整、切合题意、简单明了、通俗易懂,导语言简意赅,正文无病句、表达清晰。

第四节　组稿有技巧，多变换易发表

组稿原本是指编辑部门按计划向作者约定稿件，是选择、组织作者完成作品创作的活动。本书中所提及的组稿是指个人为了确保发表而进行的策划及撰稿的行为。

一、工作总结性质的素材如何组稿

总结是个人对过去一段时间内的工作或学习进行系统的回顾与归纳、分析及评价，并从中概括出规律性的认识用以指导今后工作或学习的行为。总结是做好各项工作的重要前提。通过总结，可以全面、系统地了解以往工作的情况，正确对待以往工作中的优缺点，明确工作目标与方向，提高工作效率。

工作总结一样值得宣传。请看《企业家日报》2018 年 7 月 6 日第 7 版刊发的新闻《济宁能源上半年宣传工作呈三大亮点》：

济宁能源上半年宣传工作呈三大亮点

特约记者　王传钧　济宁报道

2018 年上半年，山东省济宁能源发展集团有限公司（以下简称"济宁能源"）积极探索新时代宣传工作的新思路、新途径和新方法，坚持融入中心、服务中心、提升中心工作的总基调，聚焦热点、捕捉亮点、抓住特点，及时准确地反映济宁能源干部职工的新状态、新作为、新担当，逐步提高了济宁能源的知名度和美誉度，并呈现出三大亮点。

外宣发稿数量多了。截至 2018 年 6 月 30 日，济宁能源机关（各企业除外）上半年对外发表宣传稿件 78 篇，平均每周就有 3 篇外宣稿成功发表，比去年同期多发表了 31 篇稿。其中，《企业家日报》刊发 17 篇、《济宁日报》刊发 5 篇、《中国煤炭报》刊发 4 篇、《中国矿业报》刊发 3 篇、《中国能源报》刊发 2 篇、《中国科学报》刊发 1 篇、《山东工人报》刊发 1 篇、《山东国资》杂志刊发 1 篇、中国煤炭网刊发 1 篇、中国煤矿安全生产网刊发 12 篇、中国煤炭新闻网刊发 5 篇、国家煤炭工业网刊发26篇。

外宣涉猎范围广了。从外宣稿件的发表范围来看,不仅有国家级大报《中国能源报》(人民日报社主管、主办)、《企业家日报》,也有行业大报《中国煤炭报》和《中国矿业报》;不仅有党委机关报《济宁日报》,还有专业报刊《中国科学报》、《山东国资》杂志和一些专业度高的行业网站。从宣传内容上看,不仅报道集团改革发展和下属企业的工作亮点,还展示了企业职工的精神风貌、宣传了企业的先进典型和经验做法,采写的范围和素材的收集渠道也比往年同期扩大了许多。

外宣稿件质量高了。在对外宣传稿件中,不仅有新闻消息和图片报道,而且有专题报道、时事评论、长篇通讯和新闻业务文章等。其中,采写的《我国重载列车技术实现新突破》《济矿集团集中招标采购经验在济宁市管企业中推广》《济矿集团创新破难题激活国企发展潜力》《济矿集团打造物资物贸两大集团实现非煤发展"1+1=2"》《济矿集团安全监察室正式"上岗"》《济矿集团开启结算无纸质现金交易时代》《克难创新聚能量——济矿集团加快新旧动能转换生产经营一路高歌》《省劳模徐继兵:奋战煤海14载　产煤560万吨无事故》《济矿集团按下新旧动能转换"快捷键"》《济矿集团5家煤矿通过国家一级安全生产标准化矿井验收》等宣传报道,不仅成功刊发,而且上了头条或倒头条,有的甚至还上了头版头条;有的发表作品陆续被人民网、新华网、光明网、凤凰网、中国山东网、国际煤炭网等网络媒体转载,极大提升了济宁能源的知名度,为济宁和济宁能源争了光、添了彩,得到集团各级领导的肯定。

半年的工作总结可以宣传,阶段性的工作总结也同样能宣传。上面的半年工作总结运用的是消息稿形式,阶段性工作总结则可以变换成通讯的形式,同样能达到宣传的目的,而且效果会更好。请看《现代物流报》2020年9月23日企业版刊发的通讯《讲好物流故事　传播物流声音——济矿物流三招激活新闻宣传"一池春水"》:

讲好物流故事　传播物流声音

——济矿物流三招激活新闻宣传"一池春水"

特约记者　王传钧

今年以来,济宁矿业集团物流有限公司(以下简称"济矿物流")在做好安全生产和经营管理工作的同时,宣传工作也有了很大起色,并实现了两大突破:第一，对内宣传从无到有，创办出版了《济矿物流》杂志；第二，对外宣传数量由一位数跃升到三位数，发表新闻宣传报道172篇（幅）。在新冠疫情肆虐的今年，济矿物流是如何做到宣传工作逆势上扬的呢？他们采取了哪些具体做法？这或许对您有一定的借鉴或启示意义。现在，记者就带您一探究竟。

内部刊物应时而生

您或许不信，一期项目建成运营后的济矿物流一直没有综合性的内部刊物。为进一步内聚人心、外树形象，促进各部门之间交流互动，畅通员工之间、员工与管理团队之间交流沟通渠道，真正讲好济矿物流故事、传播济矿物流声音，济矿物流综合管理部于今年1月20日创办了《济矿物流》杂志。

济矿物流公司董事长、党委书记、总经理林卫国在接受记者采访时指出，《济矿物流》杂志作为济矿物流重要的宣传工具和对外窗口，承载着宣传济矿物流园区、推介山东京杭多式联运物流产业园项目、让济矿物流走出山东、走遍全国甚至走向世界的重任，担负着宣传、动员全体干部员工"发挥铁水联运区域优势、助推国家经济建设"的重要使命。同时，《济矿物流》杂志也是物流企业发展史的生动记录者和见证者。

对外宣传突破百篇

济矿物流的对外宣传工作今年实现了新突破，首次突破百篇大关，达到了172篇，比2014年至2019年8月的外宣总和还要多百余篇，并且仅是指在市级以上（含市级媒体）新闻媒体发表的宣传报道，可谓质、量齐升。尤其是《保打赢　保民生　保稳定——济矿物流公司疫情期间全力以赴保障煤炭供应侧记》《山东济宁将整合内河港口形成大物流格局　今年将组建济宁港航发展集团》《我国最大跨度钢结构储煤棚建成》等宣传报道，先后在《现代物流报》《中国水运报》《企业家日报》《中国能源报》《中国煤炭报》《中国矿业报》《大众日报》《山东工人报》等媒体上发表。

成功秘诀主要有三

能取得这样的宣传成绩肯定有原因，其中的秘诀是什么？

首先，最关键的一条是公司领导对宣传工作的高度重视。今年3月21日，在济矿物流董事长、党委书记、总经理林卫国的大力支持下，该公司出台实施了

《济宁矿业集团物流有限公司新闻宣传工作考核管理办法》,明确了考核奖惩意见,充实了通讯员队伍,加大了稿费奖励幅度。

其次,济矿物流宣传工作不打无把握之仗,他们每月月初都会在“济矿物流宣”通讯员微信群中发布有针对性的“当月宣传工作重点”,包括字数篇幅都进行了详细的告知,让通讯员们有的放矢、按需撰稿、及时报道。

再次,济矿物流今年共组织通讯员上新闻写作培训课五次,将难点、堵点各个击破,消息、通讯循序渐进,使通讯员新闻写作的“任督二脉”悄然打开,日积月累,大大提高了物流公司通讯员们的稿件质量和外宣的中稿率。

另外,济矿物流还拥有《现代物流报》、《企业家日报》、《现代班组》杂志等多家媒体的特约记者一位,这也让济矿物流的新闻宣传工作“如虎添翼”。

上面的稿件主题突出、有理有据、通俗易懂、语言流畅,既有主副标题,又有三个小标题,是篇标准的通讯稿。

看到这里,有的读者会说,消息、通讯都用过了,一看便知是表扬宣传工作的,能不能不那么明显呀?当然可以,可以“隐形”,也可以“变身”。请看《中国水运报》官方网站2023年2月15日热闻栏目发表的新闻《梁山港靠什么提高知名度、拉升美誉度?》:

梁山港靠什么提高知名度、拉升美誉度?

特约记者　王传钧

近日,中共济宁能源发展集团有限公司委员会印发了《集团公司1月份宣传工作通报》,并以附件的形式公布了《集团公司2022年度十佳宣传工作先进单位》。梁山港荣列名单中,喜获“集团公司2022年度十佳宣传工作先进单位”称号,这已经是梁山港连续两年斩获此项荣誉了。

知名度,即人和事物被社会认知的广度;美誉度,即人和事物被社会认可的程度。知名度有正面的,所谓美名远扬;也有负面的,所谓臭名昭著。而只有正面的人和事物才能有美誉度。美誉度来源于人们发自内心的认可和赞同,在一定意义上代表着人心。对于企业来说,既要打响知名度,又要追求美誉度。

广泛宣传提高知名度,美名远扬

宣传工作是促进企业发展的生产力构成要素之一,具有对外和对内的双重作用,它所塑造的企业形象、所突出的企业精神面貌成为外界了解公司的一个重要窗口，因此它是提高企业知名度，树立企业良好外部形象，在企业与政府、社会、客户之间架设的一条沟通桥梁。宣传报道也是企业文化的重要组成部分，是公司实施发展战略、重要决策的催化剂，它对企业内部产生凝聚思想、引导及鼓舞作用，同时它也为公司及时、客观地反映项目进展、职工生产和生活情况，为公司领导决策提供广泛且重要的信息。

梁山港一直非常重视宣传工作，为广泛宣传，他们实施了内外宣“双轮驱动”战略。对内宣传，一是充分运用宣传栏、宣传单、LED电子屏幕、万吨列车智能卸车机房东西两侧的大型广告牌、OA办公系统新闻板块等多种方式，广泛宣传梁山港的企业文化、安全知识、政策措施、文体活动，不断提高职工群众的安全意识、感恩意识、奉献意识和创新意识。二是号召干部职工通过公众号、微信群、朋友圈等渠道将梁山港正能量信息广泛传播，让干部职工知事、明理、心安。三是结合实际，坚持每月编辑出版《梁山港》杂志，坚持每月撰写、发布《月度宣传工作重点》，坚持每月撰写、印发《月度宣传工作情况的通报》，坚持每日修改、润色各部门来稿。2022年，梁山港累计向集团公司投稿603篇，其中，集团网站、公众号、视频号等采用209篇(条)，梁山港公众号采用197篇，梁山港多次在集团公司非煤企业(一)宣传工作中排名第一。

2022年9月初，为提升企业外部形象、提升企业知名度、扩大企业影响力，为公司全员“争一流、争第一、争唯一”摇旗呐喊、加油鼓劲，梁山港党委印发了《关于进一步修订宣传报道工作考核意见的通知》。该通知对供稿任务进行了重新分配，奖惩则采取了更趋公平、合理、实用的“积分制”办法，受到了干部职工的广泛关注，大大激发了广大通讯员们的写稿热情和投稿积极性，来稿量骤增，梁山港OA、公众号和对集团的供稿质、量齐升。除此之外，2022年，梁山港还举办了“如何制作新闻标题?”“新闻怎么找?”“新闻如何写?”“新闻如何改?”“如何提高上稿率?”5场大型主题培训活动，受到一致好评，进一步提升了通讯员队伍的整体素质，特别是稿件数量和质量都有了很大提高。

在扎实做好内部宣传的同时，梁山港还努力提升外部宣传稿件的质量，2022年累计发表外宣作品167篇，作品主要发表在《中国煤炭报》《中国能源报》《中国应急管理报》《中国水运报》《现代物流报》《企业家日报》《中国交通报》《大众日报》《经济导报》《山东工人报》《济宁日报》等纸媒和中国网、国家煤炭工业网(中国煤炭工业协会官网)、煤炭资讯网、煤视界、人民交通网、中国水运网、中国物流产业网、现代港口物流网等网络媒体，以及《山东国资》杂志、《现代班组》杂志等。难能可贵的是，梁山港首次在《经济导报》、《中国交通报》、《人民新闻报》、煤视界、基层网、人民交通网等新闻媒体上发稿,进一步拓宽了外宣稿件的发布渠道。此外,中国港口网、新浪网、光明网、搜狐网、腾讯网、基层网、齐鲁壹点、世界能源网、凤凰网、今日头条等网络媒体和客户端,也发表、转载了梁山港多篇有影响力的宣传报道。

品牌影响拉升美誉度,慕名而来

企业知名度越高,品牌影响力越大。伴随着梁山港对外宣传工作力度的不断加大,梁山港的知名度越来越高,不仅吸引来了政府机构、社会团体的关注和瞩目,也吸引来了大批贸易客商和慕名而来的媒体记者。自2021年4月9日正式通航后,前来梁山港参观、考察的领导、客商、同行和新闻媒体的朋友越来越多。每天客商云集、忙忙碌碌,成了梁山港综合管理部接待团队的新常态。据不完全统计,2022年梁山港接待参观来访高达500余次,最多的时候,一天就接待9波客人,单波客人最多的时候甚至超过两百人;新华社、《人民日报》、《经济日报》、中央电视台、山东电视台、《大众日报》、《齐鲁晚报》、《中国交通报》、《中国水运报》、《现代物流报》等国家级、省级、市级和行业媒体记者来访30余次,发稿40余篇(条),有力提升了梁山港的美誉度和品牌影响力。

不仅如此,2022年,梁山港党群工作部人员也采写、发表了一些有影响力的宣传报道,这些作品因质量上乘、富有特色,还占据了外部媒体的重要版面或位置,像《梁山港:瓦日铁路与京杭运河上的“黄金坐标”》登上了《企业家日报》的第1版;《山东储煤基地首个智慧园区平台在梁山港建成》不仅登上了《中国煤炭报》第2版头条位置,还荣列《2022年港口大事记》,并被国家发改委、山东省人民政府官方网站转载;《梁山港煤炭吞吐量大幅提升　成本优势凸显》上了《中国煤炭报》市场版头条位置,而且配发了梁山港煤棚内景的大幅图片;《推进数字化应用　梁山港积极参与行业标准制定》登上了人民号、凤凰网、今日头条;《梁山港“大学生维修班”成立了!》上了《现代物流报》企业版头条;《梁山港如何打造内陆城市对外开放的“桥头堡”?》登上了业内影响力颇高、上海国际航运研究中心主办的《航运评论》的头条位置……这些都有力拉升了梁山港的美誉度,为山东省、济宁市、梁山县和济宁能源集团赢得了良好口碑和尊重。

企业的知名度是指其被客户(或消费者)知晓、了解的程度,是评价企业名气大小的客观尺度,是企业对客户(或消费者)影响的广度和深度。企业的美誉度则是客户(或消费者)接触产品或服务项目后,综合自己的体验和所接触到的其他企业产品或服务,对品牌价值认可的程度,是客户(或消费者)的一种心理感受和对品牌的认知。美誉度是形成客户(或消费者)忠诚度的重要因素,而知名度不能直接使客户(或消费者)形成对产品的忠诚度;换言之,知名度高了,并不见得就能打造品牌,知名度也可能是负面的知名。当然,两者不是截然分开的,只有品牌的知名度与美誉度都很高,才能更好地塑造品牌。在品牌塑造过程中,首先要把知名度做大,在此基础上促进品牌内涵不断深化和升华,推动品牌的美誉度不断提升,从而增强客户(或消费者)对品牌的忠诚度。

为此,梁山港深谙其道。在拉升美誉度方面,该港充分利用集团、上级政府部门或行业协会举办各类新闻发布会、展会、签约会、论坛的机会崭露头角,踊跃发言,主动走到聚光灯下,凭借"高光时刻"宣传推介梁山港。与此同时,梁山港还积极争取各类荣誉。截至目前,梁山港已成为中物联委员会副会长单位、《中国交通年鉴》理事会副理事长单位、中物联全国数字化仓库标杆初选单位、全国"优秀港航场景服务商"、国家多式联运示范工程、山东煤炭应急储备基地、山东省重大建设项目、山东省第二批多式联运示范工程;多个项目被纳入山东基础设施"七网"建设行动计划、山东省"十四五"规划、山东省"十四五"综合交通运输发展规划、山东省"十四五"综合交通运输重点项目库;荣获"山东省先进基层党组织""山东省五星级物流企业""山东省劳动关系和谐企业""山东省社会责任企业""济宁市文明单位"等数十项荣誉。

造福社会彰显国企担当,利国利民

读者读到这儿,似乎感觉缺少了点什么,知名度也好,美誉度也罢,仿佛都是梁山港在凭借广告、宣传、荣誉来"制造声势",感觉对百姓、对社会、对地方发展没有作出什么实质性贡献。其实,在造福社会、承担社会责任方面,梁山港一直不遗余力、率先垂范。尤其是近几年,除了新建节制闸、通航闸和拆除后码头桥(危桥,给百姓安全出行带来隐患)外,梁山港还花1亿多元为梁山县建设了前码头运河桥、梁靳路运河桥、丁堂运河桥、任庄运河桥、庄楼运河桥共5座系杆拱桥。

据梁山港企业管理部专门负责重点工程合同管理的人员介绍,仅前码头运河桥、梁靳路运河桥、丁堂运河桥、任庄运河桥、庄楼运河桥这5座桥梁的设计、建设费用就高达1.149亿元。5座桥梁的开通,有利于人们横跨梁济运河,大大方便了地方百姓的安全出行。可以说,这是梁山港给全市老百姓建设的安全桥、便民桥、幸福桥,是非常纯粹的为社会造福,为大力支持市、县交通运输行业发展和社会公益事业贡献了梁山港力量。梁山港的快速发展也起到了带动作用,周边运输公司、办事处、宾馆、饭店林立,拉动当地居民就业 2000 多人,助推了当地社会经济发展。

与此同时,他们还积极投身慈善公益事业。为了支持文明单位帮扶梁山县寿张集镇东孙庄村建设“幸福食堂”,梁山港连续三年资助东孙庄村共计 15 万元(每年支持 5 万元),并每月组织青年志愿者到东孙庄村开展志愿服务活动。为了积极响应“黄河岸边是家乡”志愿服务活动号召,梁山港组织志愿者于 2022 年 3 月开展“文明你我·共护黄河”“运河沿岸·黄河滩前”志愿植树等系列活动,助力黄河流域生态保护和高质量发展。为了支持“希望小屋温暖计划”,2022 年 5 月,梁山港干部职工首次通过腾讯公益平台捐款献爱心。为了确保清洁煤的采购和分发这项民生工程的顺利进行,2022 年 10 月,梁山港排除万难、多措并举,给当地政府采购清洁煤 10000 余吨,发放涉及 13 个乡镇、100 多个行政村,受到当地百姓的交口称赞。

梁山港的家国情怀远不止这些,在电煤保供的关键时期,大唐湖南华银燃料公司副总经理段泽科专程给梁山港送上写有“保供电煤担使命　精诚合作扬美名”的锦旗,感谢他们为企业定制的“门到门式”全程服务方案。为了能源保供,在常规航线的基础上,梁山港又陆续开通了至武汉、太仓(上海)、南京、淮安、连云港的定班制集装箱航线,甚至可以通江达海至福建一带。水运具有运量大、成本低、能耗少、污染小的比较优势,是服务构建新发展格局的主要通道和关键节点,是加快运输结构调整、推进交通运输绿色低碳转型的主攻方向。据业内人士测算,梁山港每年可为运河两岸的客户群降低物流成本 10 亿元。梁山港作为江北内河第一港,成了京杭大运河上“西煤东输、北煤南运、南货北调、集装箱运输”的大型航运物资集散地,2022 年依法纳税 9000 余万元,有力促进了当地社会经济的发展。根据济宁市统计局提供的数据,2022 年济宁市加快推动现代港航物流突破发展,规模以上交通运输、仓储和邮政业实现营业收入增长 40.3%,占规模以上服务业比重达 45%;全市港口完成货物吞吐量 5843.5 万吨、同比增长 27%,完成集装箱吞吐量 5.85 万标箱、同比增长 105.7%。这组亮眼的数字背后,离不开济宁港航物流产业快速发展的支撑,梁山港作为其中的一员功不可没,挺起了国企的脊梁,彰显了国企的担当!

说一千道一万,无论是知名度的提高还是美誉度的拉升,都离不开实体实业,都离不开实干实绩。“作为国家多式联运示范工程、山东煤炭应急储备基地,梁山港正致力于以物流港、贸易港为依托大力发展金融港,借助供应链金融服务港口运营,扩大贸易体量,以增强客户‘黏性’,充分发挥梁山港瓦日铁路与京杭大运河的‘黄金坐标’的潜力和效能，最终助推交通强国和实体经济高质量发展。”梁山港党委书记、董事长陈哲在接受记者采访时如是说。

“隐形”了、“变身”了，横到边、纵到底，“拉伸产业链条”了。大气、厚重、深刻、真实……是不是给人以耳目一新的感觉？

“广泛宣传提高知名度，美名远扬”“品牌影响拉升美誉度，慕名而来”“造福社会彰显国企担当，利国利民”，这几个小标题层层递进、渐入佳境，让新闻价值最大化，将宣传效果最大化，这才是我所要阐明的“组稿”方法。从消息到通讯，再到专题报道或者系列报道，组织稿件有技巧，多变换才易发表。

二、煤价、煤市、煤炭贸易类素材如何组稿

在山东，煤炭价格得看济宁，济宁的煤炭价格要看“济矿”。关于煤价方面的宣传报道如何组稿呢？请看《中国矿业报》2015年10月24日第5版刊发的新闻《济矿集团小幅上调精煤价格》：

济矿集团小幅上调精煤价格

本报讯 日前，从济矿集团安居煤矿传来好消息，该矿精煤价格自10月1日起每吨上调5元；10月10日，该集团旗下的阳城煤电根据市场行情及客户打款、发运情况，结合矿井生产实际，也果断对精煤现金价格每吨上涨5元，承兑价格则在现金价格基础上每吨再加价10元。随后，该集团其他煤矿企业也根据煤炭质量逐步跟进。目前试探性地将精煤价格每吨上调5元已得到大部分客户的认可，煤炭销售正常。

在销售策略调整方面，济矿集团顺应市场变化，调整产品结构，实行“订单式”生产。根据市场变化，该集团结合客户需求和市场行情，转变观念，由“生产什么我们就销售什么”转变为“市场需要什么我们就生产什么”，增加适销对路的品种，实现产品效益的最大化。针对因过断层煤质不稳定的现状，安居煤矿及时采取外购原煤配洗，培育新的经济增长点。

阳城煤电精煤客户现金打款比较积极，加之国庆小长假客户实际库存量也已基本消耗完毕，阳城运销分部及时抓住这一市场契机，于10月10日把精煤现金价格上涨5元/吨，承兑价格则按照集团公司承兑贴息标准进行加价贴息，客户剩余代存必须补足差价后才能发运。先补差价者优先发运，未补差价一律停发。

据了解，精煤价格小幅上调以来，客户打款及发运正常，说明济矿集团此轮

价格上调把控住了市场主动权,调得适度、及时、到位。(王传钧)

通过报道可知,济矿集团的煤价重点是在精煤上寻求突破,不仅可以小幅上调,时机成熟时还可以实现三连涨。请看《中国能源报》2016 年 5 月 9 日煤炭版刊发的新闻《济矿煤价实现三连涨》:

济矿煤价实现三连涨

本报讯 日前,从山东省济矿集团煤质运销部获悉,该集团所属各煤矿精煤于 4 月 25 日每吨再涨 30 元,此前的 4 月 1 日和 4 月 18 日已各涨了 10 元/吨,济矿集团 4 月份的煤价已经顺利实现三连涨。

今年以来,该集团采取针对性措施破解矛盾问题,扫清了稳产的障碍。3 月份开始,生产组织水平得到有效提升,产量在国家要求的“去产能”的标准可控范围内达到了稳产高效。

据了解,4 月 25 日的这轮涨价是济矿集团自年初以来涨幅最大的一次,在此利好消息的带动下,济矿集团各煤矿目前还对混煤、洗混煤、煤泥、洗矸等其他煤炭主、副产品再次进行了每吨 5～10 元不同幅度的上调。(王传钧)

在市场低迷的大环境下,济矿集团的煤价实现了三连涨,至少说明了一个问题,济矿集团的煤炭营销搞得还不错,有一支专业性强、敢打硬仗的营销队伍。请看《中国煤炭报》2016 年 8 月 15 日第 2 版头条刊发的新闻《低迷市场下的济矿大营销》:

低迷市场下的济矿大营销

王传钧

在煤、焦、钢市场低迷的大环境下,只有 21 人的山东济宁矿业集团营销分公司构建了以煤换焦、以焦换钢、以钢换煤的战略营销模式,在确保现金流安全的同时,盈利能力大幅提升。

截至今年 6 月底,营销分公司累计实现营业收入 25 亿元、利润 3800 万元;累计自购集团内部煤矿煤炭近 200 万吨,在保证集团没有应收账款的情况下实现产销平衡。

今年上半年,营销分公司实现营业收入 5 亿元。其中,经营煤炭 94.34 万吨,实现收入约 3.945 亿元;经营焦炭 7.86 万吨,实现收入 5789.9 万元;经营水泥1.53万吨，实现收入285.63万元；经营钢材0.9万吨，实现收入2434.34万元。

以煤换焦、以焦换钢、以钢换煤

2012年以来，煤炭市场持续低迷，煤炭销售越来越难。济矿集团领导班子提出"贱卖不赊、确保现金流"的理念，并于2014年2月组建营销分公司，主要经营煤炭、化工产品及装饰装修材料、焦炭、塑料制品的批发零售，钢材、建材、工矿配件销售等。营销分公司的主要任务是做贸易、搞大营销、开发上下游客户。

大营销，即大市场营销，是对传统市场营销组合战略的不断发展，以产生可持续性收益。

面对煤、焦、钢市场低迷的实际，营销分公司将煤炭出售给焦化厂换取焦炭，将焦炭售予钢厂换取钢材，将钢材低于市场价出售给济矿集团内部单位再换成煤炭，建立链条式循环经营模式。

据济矿集团煤质运销部经理、营销分公司总经理徐义平介绍，该公司协助分销集团内部煤矿的煤炭，钢材则供应集团内部单位落陵支护材料厂、物资分公司、海纳科技公司，并大幅降低集团内部单位的钢材采购价。

2015年7月，阳城煤矿过断层，产量骤降，而此时阳城电厂处在发电高峰期。为了不影响电厂正常发电，营销分公司主动承担起外购电煤的任务，采购了同等质量的陕西煤。由于外购的陕西煤比当地煤炭每吨便宜约60元，营销分公司累计为阳城电厂外购电煤12万吨、节省720万元。

今年上半年，营销分公司与海纳科技公司、淄博瀚业公司合作，采取以煤换钢管的方式，实现贸易量600万元；与物资分公司、郑州煤矿机械厂合作，采取以煤换钢板、以钢板抵液压支架的方式，实现贸易量900万元。

目前，营销分公司物贸产品包括锚杆钢、螺纹钢、高强板、无缝钢管、水泥、液压支架等，同时涉足机械制造、建筑施工等领域，贸易额由成立初期的每月300万元增加到现在的每月2000万元。

业务员既精通业务又能常出差

"我们对业务员的要求是既精通业务又能常出差，他们每月有20天以上在跑业务。"徐义平说。

在营销分公司成立的当年，徐义平给自己定了一个目标：一年跑10万公里，瘦5公斤。结果，他做到了。2014年，营销分公司营业收入10亿元、利润

2000多万元。

营销分公司建立了“人单合一”业绩考核模式,经营业绩、考核测评与当月工资挂钩,一级考核一级、一级对一级负责,调动了干部职工的积极性。

在笔者采访的当天,徐义平便拉着行李箱去了扬州,最终与扬州一家钢企签下价值千万元的焦炭供应合同。

做大营销,业务员必须与资金打交道。为有效降低资金风险,营销分公司建立并完善了风险防控体系、内部管理体系、分级考核体系。

“屏蔽经营资金风险是大营销、大物贸生存的生命线,要尽可能拓宽融资渠道,少使用或不使用集团资金,更不能产生坏账、呆账。”徐义平说。

目前,营销分公司开发了钢厂、电厂、造纸厂等近百个客户,并与山东能源新矿集团、徐矿集团等企业开展合作。这为济矿集团实现产销平衡奠定了基础,矿上能卖的尽量自己卖,卖不了的营销分公司来收购。未来,营销分公司将以煤炭运销拉动大物贸平台及物流贸易企业的转型升级和产业链条的延伸。

煤炭是传统资源,是支撑我国国民经济发展的重要基础能源。在中短期内,煤炭作为能源支柱的地位不会动摇。因此,在组织稿件时不妨多利用这一类素材。请看《现代物流报》2020年12月14日A7版刊发的新闻《济矿物流顺利签下1900万吨煤炭贸易订单》:

济矿物流顺利签下1900万吨煤炭贸易订单

本报讯(特约记者　王传钧)　12月7日下午,记者从刚刚在山西太原结束的济宁能源发展集团2021年战略客户恳谈会上获悉,济宁矿业集团物流有限公司(简称“济矿物流”)在会上与上下游企业共签订了1900万吨的煤炭贸易战略协议,稳稳拿下2021年的煤炭贸易订单。

据了解,来自全国电力、钢铁、化工、矿业、铁路等能源、物流行业领域的112家大型战略客户和合作伙伴共计397人参加了济宁能源发展集团2021年战略客户恳谈会。除了济矿物流外,济宁能源发展集团旗下的济宁港航发展集团物贸有限公司签订的贸易额为20亿元,济宁矿业集团营销分公司签订的贸易额更是高达55亿元,集团自产煤、精煤销售长协合同签订802万吨,为该集团2021年的煤炭运销、营销、物流贸易等方面工作奠定了坚实基础。

据悉,济矿物流拥有全国最大跨度的钢结构储煤棚,被誉为我国最大的不生产煤的“地上煤矿”。济矿物流2019年实现来煤、发运量近1100万吨,销售收入25亿元,是山东省煤炭应急储备基地、济宁市2019年度行业领军企业。2021

年水路通航后，凭借京杭大运河的内河航运优势，济矿物流的煤炭、钢材、粮食、化肥、铁矿石等货物远可通江达海对接“一带一路”，近可助推梁山县地方经济发展。而且，济矿物流将来可通过港口聚集效应逐步形成年吞吐量达5000万～7000万吨的以“前港后厂”为发展模式的“港产城”。

有煤炭市场就会发生煤炭贸易，有煤炭贸易就会产生运营成本，而运营成本越低，得到的利润就会越丰厚。因此，在组织稿件时，我们可以特别留意这些方面，积极挖掘新闻素材。请看《中国能源报》2021年8月16日煤炭市场版刊发的新闻《梁山港铁水联运显著降低运煤成本》：

梁山港铁水联运显著降低运煤成本

本报讯　济宁能源集团日前发布消息称，其所属梁山港自4月9日正式通航以来，铁水联运优势得以充分发挥。上半年共计火车来煤361.47万吨，同比增加33.40％；汽运、船运发煤360.29万吨，高于去年同期85.26万吨，同比增长30.93％。梁山港公司董事长陈哲介绍，晋陕蒙煤炭主要通过瓦日铁路、港口码头、京杭运河转运至济宁当地电焦企业以及苏浙沪一带的电钢企业，煤炭由梁山港下水，大大减少了运输成本。

据了解，过去晋陕蒙地区每年7600万吨的煤炭都是通过瓦日铁路运到日照，而后通过海轮运输到南方地区，每吨运输成本240元左右。现在，煤炭通过瓦日铁路运输到梁山港，而后通过京杭大运河运到南方，成本降至每吨180元。**（王传钧）**

总而言之，组织稿件需要技巧，掌握技巧需要过程，过程变现需要实践。

第五节　组好稿得勤跑,素材多题好找

脚上沾满泥,新闻才接地气。

不管宣传报道什么内容,坐在办公室闭门造车都是写不出好新闻的,一定要深入一线采访,这样采写的新闻才鲜活,才有可读性,才有生命力。新闻从业人员一定要高度重视新闻采访,一定要有一双勤快的腿脚,跑得勤、跑得快、跑越多,素材越多,选题越好找,新闻越好写。请看《企业家日报》2016 年 11 月 14 日第 2 版头条刊发的通讯《济矿集团“强”管理带来“硬”效益》:

济矿集团“强”管理带来“硬”效益

特约记者　王传钧　济宁报道

今年的“新常态”下,大多数企业都感受到了成本压力,认为是成本高企导致了自己微利甚至亏损。但在几乎相同的外部成本压力下,为何同一行业内不同企业的效益会大不相同?有专家表示,不能将成本压力一味怪在降费减税上,化解外部环境的负担是一个方面,企业本身还是要从内部管理入手,提高管理水平,通过管理尽可能减少不必要的成本,也就是说向管理要效益,管理是影响同行效益差异最大的变量。山东济矿集团领导班子深谙其中的道理,面对今年煤炭市场、安全生产和去产能的压力,该集团将管控摆在更加突出的位置,一“管”当先,步步为赢,不断向管理要效益、向效率要效益,得到了实惠、尝到了甜头。

管出好思想　激发“正能量”

思想不解放,思路打不开,就会因循守旧,就难以有效突破企业发展瓶颈,难以激发出干部员工干事创业的冲劲和韧劲。2016 年伊始,思想政治工作被列入济矿集团年度十大重点工作之首,而其力度和频度也是该集团发展史上空前的。思想政治工作的“榔头”一锤接着一锤敲,而且掷地有声。济矿集团先后开展了“新常态、新姿态、新状态、新作为”大讨论、“我们的工资从哪里来”专题讨论、“激发干事创业正能量”等一系列思想讨论活动。

以该集团开展的“我们的工资从哪里来”专题讨论为例，以前一些员工认为在国企混日子也能拿工资，国有企业就应负责到底。经过学习讨论后，这些员工的思想认识有了很大转变，工资不是无缘无故得来的，而是自己干出来的，只有多创造价值，才能取得更多报酬。

“没功劳有苦劳，没苦劳有疲劳”，过去在一些职工中很有认同感，但现在已成为过去式，“不重苦劳重功劳，没有功劳，一切都是徒劳”正成为共识，“不重文凭重水平，不重职称重称职，不重关系重实绩”的国企新风正扑面而来，而且“无论竞争多么激烈，总有一个岗位永远缺人，就是能为企业创造价值的人”等一些新理念也在激励职工努力工作。潜移默化中，广大干部员工深刻认识了企业发展面临的形势和任务，逐步建设了一支休戚与共、共建共享的“共生团队”，为集团的改革发展、转型升级奠定了坚实的思想基础。

管住降成本　严堵“出血点”

在残酷激烈的市场环境下，煤炭行业的竞争进入了成本为王的时代。如何堵住“出血点”是关键。该集团进一步强化成本意识和效益意识，开展了“人均每天节约1块钱，企业每月节约10万元”活动，围绕降本增效出主意、想办法、定措施，推进降本增效精细化管理，实现“人均每天节约1块钱，企业每月节约10万元（非煤企业每月节约3万元）”的细化目标，进而实现经济效益水平的提升和企业的稳定持续发展。

“材料省着点儿用，否则材料费就超了！”“别忘关灯、关空调，这都跟我们的工资挂钩啊！”今年以来，该集团井下、井上经常听到同事间的相互提醒，控成本、降消耗早已在每一名干部员工的心里扎下了根。该集团提出了从“节约电费、降低人工、节约材料、提高煤质增加煤种、降低采购成本和库存、争取政策资金、降低财务费用、招商引资、压缩非生产性费用”等方面的降本增效硬措施，仅上半年就从中获益1.14亿元。

该集团围绕客户需求和市场行情，实行“订单式”生产，由“生产什么我们就销售什么”转变为“市场需要什么我们就生产什么”，增加适销对路的品种，促使洗煤厂三班入洗，大幅提高了精煤产量，实现了产品效益的最大化。阳城煤矿通过及时调整洗煤计划，增加适销品种精煤3#和块煤生产，每月可增收150余万元；霄云煤矿及时调整了销售模式，分别入洗了高灰精煤和落地精煤，仅5月份就实现利润380余万元，完成当月预算的384.99%；安居煤矿则采取“精准号脉”“低成本扩张”“推行双优营销”等一系列措施,努力降低企业经营风险,按照“调快、调稳、调优”的原则,把握市场节奏,在区域内多次率先上调价格,自8月份以来连续9次上调煤价,累计涨幅达270元/吨,仅9月份的销售收入就突破了7200万元,取得了很好的经济效益。

管活创新力　抱上“金娃娃”

济矿集团总经理张广宇在一次科技创新大会上说:“企业间的竞争本质上是人才和技术的竞争。谁拥有了足够的人才资源和技术资源,谁就拥有了竞争力。谁能把人才优势转化为科技创新优势,谁就能赢得竞争的主动权。”该集团坚持创新驱动、科技引领,在抓实安全生产的基础上,大兴科技创新之风,创新活力得到有效激发。

霄云煤矿创新优化1311面带式输送机设计,创效55万元。该矿1311工作面胶带运输巷1400 m,回采期间原设计安设2部2×250 kW带式输送机。经矿机电部门反复论证,大胆创新,对胶带运输系统进行升级改造,在中间巷安设一套传动装置和一套升级改造的带式输送机,总功率为3×250 kW,按每天出煤9小时计算,每年可节约电费15万元。同时,可减少采煤工区带式输送机司机4名,节约人工工资40万元。

安居煤矿自动化机台实现无人值守。以“自动化”替代“人工化”,以“流动巡检”替代“固定岗位”,安居煤矿对井上下各岗位机台进行技改升级,大力推行“自动化机台”,实现了岗位“无人值守”。截至目前,主副井提升机、冷却泵站、污水处理厂、井下中央变电所等12个机台已经实现了全自动运行,累计精简机台人员121人,在确保安全运行的情况下,促进了减人提效。此外,安居煤矿通过对选煤厂主洗车间和动筛车间进行升级改造,实现了远程集中控制,“机械选矸”替代了“人工选矸”,单日洗选能力由3300吨优化到6400吨,实现了原煤全入洗。这是难以用金钱来衡量的进步。

义桥煤矿启动余热回收项目。今年,义桥煤矿压风机、矿井排风、排水综合余热回收利用节能项目正式启动。该系统的运行节省了锅炉运行费用、人工费、燃料煤费用,不但低碳环保,还降本增效。该项目的实施每年可节约标煤4100吨,减排二氧化碳10660吨、二氧化硫34.85吨、氮氧化物30.34吨,年节约费用246万元,经济、环保、生态效益显著……另外,阳城煤电、花园煤矿、运河煤矿、朱家峁煤矿、落陵盛源公司等煤与非煤企业的小改小革和职工发明所创造的效益也突破8000万元。

今年前三季度，济矿集团一举实现利润7.05亿元，呈现出企稳向上的良好态势。

经常到一线基层采访、拍摄，是当好记者、通讯员的一个“法宝”。

调查研究是看清真相、摸清底细、透视问题、明晰本质、讲出好故事、呈现好新闻的良方妙法。请看《企业家日报》2017年11月20日第2版头条刊发的通讯《蓄势崛起的力量——济宁落陵盛源控股有限公司力促非煤产业发展势头强劲》：

蓄势崛起的力量

——济宁落陵盛源控股有限公司力促非煤产业发展势头强劲

特约记者　王传钧　济宁报道

今年1—10月，山东济宁落陵盛源控股有限公司（简称“盛源控股”）营业收入高达3.148亿元，仅济矿鲲鹏矿山工程有限公司（简称“鲲鹏公司”）一家营业收入就达到1.638亿元，营业收入超过千万元的还有三家，分别是：济宁落陵矿山支护材料厂（简称“落陵支护厂”）8176.38万元、济宁新世纪经贸有限公司（简称“新世纪公司”）3614.47万元、济宁落陵春辉机械制造有限公司（简称“春辉公司”）1059.94万元。是什么力量让盛源控股发展势头如此强劲呢？

绝处逢生　借机突破

盛源控股的源头可追溯到20世纪70年代，落陵煤矿建矿初期，老一辈建设者们用艰苦创业的历程、自强不息的精神，创造了厚德致远的辉煌。落陵煤矿是济宁地方煤炭工业发展的摇篮，也是济宁矿业集团星火燎原的“井冈山”。2010年年底，落陵煤矿因资源枯竭停产；2011年5月份正式关井转产，由落陵支护材料厂接续矿井发展。盛源控股是落陵人发起第三次创业的载体，“盛源”意为“兴盛之源”。

2012年，煤炭行业在经历了10年的“黄金期”之后，煤价一落千丈，与煤矿相关联的各行各业均受到了不小的冲击，市场低迷，效益下滑。就在落陵支护厂遭遇发展困局之时，邹城市委、市政府启动编制了园区一体化发展规划，构建起了136平方公里的邹西大工业板块，而落陵支护厂正处于邹西大工业园的中心位置。

2012年5月，时任邹城市委书记张胜明来到落陵支护厂进行实地考察，并当场作出指示——依托现有资源将“落陵片区”打造成一个以机电为主的千亩产业园。随后又部署了邹城市经济开发区实施路网等硬件设施改造,最大限度地促进企业发展。

落陵支护厂以总经理陈宏为首的一班人踌躇满志,战严寒、斗酷暑,跑北京、下江苏,走南闯北一路寻求适合企业发展的项目。

攻坚克难　抱团发展

2013年年初,落陵支护厂与宁波燕尔和温州旭煤两家公司建立了合作关系,由落陵支护厂控股,三家共同出资组建了以生产矿用高压阀类、管路连接件、胶管总成及机械零部件等产品为主的春辉公司。

春辉公司成立后,落陵人并没有满足现状,他们的终极目标是要打造一个依靠自身能力、拥有自身优势、具有自我造血功能和自我发展机能、适应市场经济和市场竞争的现代化大中型企业集群。随后,他们又投资成立了鲲鹏和九矿置业两家公司,再加上原有的新世纪公司,落陵片区实际拥有独立法人的企业为5家。由于体制原因,4家公司均在落陵支护厂的名下。为进一步理顺产权关系,促进企业更好发展,在现有落陵支护厂、新世纪公司、春辉公司、鲲鹏公司和九矿置业的基础上,2014年6月份,成立了济宁落陵盛源控股有限公司。该公司经营范围涵盖投融资、工业项目建设、旅游项目开发、物业管理、房地产开发、汽柴油经营销售和物流服务等。

干事创业　闯字当先

“干事创业首先要有股敢试先行的闯劲。闯劲就是敢于做别人不敢做的事、做别人没有做成的事。”盛源控股董事长、总经理陈宏在接受记者采访时对“闯劲”一词进行了精彩的诠释,“当然,最关键的还需要在企业里营造齐心协力干事业的氛围,要一心一意谋发展。‘人心齐,泰山移’,心齐才出战斗力,才能发挥‘1+1>2’的效应,形成推动企业发展的强大合力。”事实亦如此,盛源控股旗下的权属企业个个闯劲十足。

落陵支护厂主动自发地与新接管的监狱煤矿对接,并多次与集团公司相关部门沟通,成功与金桥、金源两矿签订了代储协议,从6月底开始供货。同时,稳固了邹城衡达、义能煤矿、王楼煤矿、单家村煤矿等老客户关系,开拓了兖州福兴公司、泰安兴鲁公司、临沂日晟公司、山东金科星公司、枣庄市盛源公司等10家新客户。落陵支护厂及时了解市场行情,把握钢铁价格涨跌动向,适时采购，节省资金约108万元；取消中间商直接从生产厂家采购镀锌丝，月节约近2万元。在回收货款方面，落陵支护厂有重大突破，累计回款7045.43万元。

新世纪公司，以开拓外部市场、稳定内部市场、积极做大做强加油站、全力推进梁山和微山两县加油加气站项目为指导思想，先后推行免费洗车、油站便利店、IC卡销售系统、灵活调整零售价格等综合措施，提升加油站销售量和盈利能力，有效应对了价格战。经贸类收入完成2079.2万元，同比增加82.2万元，对内开发了朱家岉、金源、金桥市场，对外在不赊销的前提下开发了兰炭项目、廿里铺一家在建公司市场。班车服务收入完成784.6万元，同比增加244.3万元。

碧欣物业公司，1—10月份积极与集团各企业对接沟通，不断开拓接管内外部项目，解决员工就业问题的同时，有效降低了员工就餐费用。

春辉公司，提升单产效率，建立生产定量考核机制，提高工人收入，刺激生产整体管理水平的提高。加大外部市场开发力度，鼓励业务员走出去，将业务员业绩与公司利润挂钩。今年春辉公司仅前三季度就完成了全年利润。

盛源控股旗下的其他公司，九矿置业、佛都照明、国科生物等1～10月份也都有不俗的表现，并与圣矿机电、衡达器材、领图机电签订了厂房租赁合作意向书；厂区内新入驻了衡达器材、华禹工程两家企业；南家属区引进了佛医堂投资建设日间照料中心项目，等等。这也证明了“一根筷子易折断，十根筷子抱成团”，企业只有抱团才能出凝聚力，才能将合力凝聚在干事创业上，才能形成坚强的团队和集体，充分发挥“1＋1＞2”的效应。

另外，落陵煤矿关井后遗留下来的各种软硬件设施、各种具备时代意义的建筑，他们都积极地保护起来，以期能够在未来的开发过程中展现其文化价值和历史价值。尤其是针对工业旅游开发项目，盛源控股已多次组织项目考察，并与北京一家旅游文化创意公司多次接触洽谈，形成了较为完善的规划方案。目前正在积极寻求合资合作企业。

勤奋是党建与思想政治工作人员必备的特质，写好故事从来不是一天两天即可拥有的技能。平日里，我们既要多读书，也要多动笔。读书让文字不会显得那么陌生，动笔则拉近了人与文字的距离。读书与动笔会在潜移默化中给予讲故事的人更多的灵感和更巧妙的构思。

第六节　组好稿、废变宝,组不好、发不了

2013年10月31日,我无意中在济宁市人民政府官方网站上浏览到新闻《梅永红出席我市矿业领域产学研合作签约仪式》,不由得眼前一亮,觉得这次签约活动新闻价值很大,值得深挖报道,尽管已过去7天的时间了,只要组织好稿件,还是能够“变废为宝”的。请看济宁市人民政府官方网站2013年10月25日发布的新闻《梅永红出席我市矿业领域产学研合作签约仪式》(该稿发布时未署名):

梅永红出席我市矿业领域产学研合作签约仪式

10月24日上午,德国巴斯夫集团、中国矿业大学、济宁矿业集团、山东浩珂公司签署产学研战略合作协议,将利用各自优势在矿业生产、科技成果转化等方面携手发展、互促共赢。市委副书记、市长梅永红出席签约仪式并致辞,市委常委、济宁高新区党工委书记佘春明出席签约仪式。

梅永红代表市委、市政府,对战略协议的签订表示热烈祝贺,向长期以来关心支持济宁经济社会发展的各界朋友表示衷心感谢。他说,作为世界知名的跨国公司,巴斯夫集团规模实力雄厚,技术工艺先进,管理理念超前,已成为世界化工行业发展的风向标、领航者。一直以来,巴斯夫集团与济宁保持着良好的合作关系。这次巴斯夫集团深化与浩珂矿业公司的合作,依托中国矿业大学的科研技术优势、济宁矿业集团的资源品牌优势,在战略合作平台、信息交流平台和创新工作平台建设等领域深化合作,对进一步提升我市煤炭企业新技术、新产品、新工艺研发能力,促进安全生产,优化装备系统,提高经济效益必将发挥重大作用,同时也对巴斯夫集团优化全球发展布局、中国矿业大学科技成果转化运用具有重要意义。希望各方以这次产学研战略合作协议签订为新起点,凝聚资金、人才、技术等诸多方面优势,加强沟通,密切协作,务求尽快取得良好经济和社会效益。市委、市政府将倾力支持产学研战略合作,市直有关部门和济宁高新区要积极主动搞好配合,提供有力保障,全力创造一流服务环境。

德国巴斯夫集团副总裁、亚太区总裁麦斯仁、霍万祺,中国矿业大学及济能

发集团负责人分别致辞，一致表示将共同加速科技成果的转化和新产品、新技术、新工艺的生产和使用，努力形成长期、稳定的双赢关系。

梅永红在签约前会见了德国巴斯夫集团、中国矿业大学等方面客人。市政府秘书长参加签约和会见活动。

经了解得知，这次签约的地点就在我所在的济宁矿业集团，那更值得我好好宣传宣传了。2013年10月24日和25日我请假未上班，并不了解事件经过。于是，我向集团参加活动的其他同事了解情况，并在最短的时间内组织了一篇稿件，分别投给了《中国煤炭报》和《大众日报》。请看《中国煤炭报》2013年11月1日第1版刊发的新闻《山东两家煤企签约德国巴斯夫集团》：

山东两家煤企签约德国巴斯夫集团

本报讯　近日，山东济宁矿业集团、中国矿业大学、德国巴斯夫集团、山东浩珂矿业工程有限公司共同签署四方战略合作协议，决定开展战略性合作，加速科技成果的转化和新产品、新技术、新工艺的生产和使用。

据悉，此次合作，将依托济宁能源旗下济矿集团的资源品牌优势，中国矿业大学的科研技术优势，巴斯夫和山东浩珂的新技术、新产品、新工艺研发的优势，在战略合作平台、信息交流平台和创新工作平台建设等领域深化合作。这将对提升济宁煤炭企业新技术、新产品、新工艺研发能力，促进安全生产、优化装备系统、提高经济效益等具有积极意义。**（王传钧）**

再请看《大众日报》2013年11月4日第14版刊发的新闻《德国巴斯夫与山东两家煤企"联姻"》：

德国巴斯夫与山东两家煤企"联姻"

通讯员　王传钧　报道

本报济宁讯　近日，山东济宁矿业集团、中国矿业大学、德国巴斯夫集团、山东浩珂矿业工程有限公司共同签署四方战略合作协议，决定共同开展战略性合作，加速科技成果的转化和新产品、新技术、新工艺的生产和使用，以达到长期、稳定的双赢局面。

据悉，此次合作，将依托济宁能源旗下济矿集团的资源品牌优势，中国矿业大学的科研技术优势，巴斯夫和山东浩珂的新技术、新产品、新工艺研发的优势,在战略合作平台、信息交流平台和创新工作平台建设等领域深化合作,在提升济宁煤炭企业新技术、新产品、新工艺研发能力,促进安全生产、优化装备系统、提高经济效益等方面将发挥积极作用。

这两篇消息篇幅很小,我心有不甘。于是,我又收集相关素材,与《企业家日报》记者王萍联手组织了一篇通讯,以德国巴斯夫与山东两家煤企“联姻”为由头,延伸拓展到优化营商环境领域。这样一来,既放大了签约仪式的新闻价值,又捎带着把济宁的营商环境建设宣传表扬了一番。请看《企业家日报》2013年11月4日第2版头条刊发的通讯《巴斯夫联姻山东两煤企　济宁成外资投资热土》:

巴斯夫联姻山东两煤企　济宁成外资投资热土

记者　王　萍　特约记者　王传钧　济宁报道

10月24日上午,世界500强、全球最大化工巨头——德国巴斯夫集团,与山东济宁矿业集团、中国矿业大学、山东浩珂公司签署产学研战略合作协议,四方将利用各自优势在矿业生产、科技成果转化等方面携手发展、互促共赢。

山东济宁历来十分重视营商环境建设。近几年来,已经有43家世界500强企业相继落户济宁。今年,美国惠普公司确定在济宁高新区投资20亿美元建立国际软件人才和产业基地,使得济宁累计审批外资企业已接近2000家。

山东济宁是著名的“孔孟之乡、运河之都”,既是一座历史文化名城,也是重要的工业中心城市,目前已有美国伊顿、日本小松等40多家世界500强企业在济宁投资。作为内陆三线城市的济宁是如何变成海内外投资创业的热土的呢?

据了解,济宁市地方官员深知打造优质的营商环境首先要在增强对外开放实力上破题,为这些安家落户的企业提供更多的增值服务,不断提升城市的品质和宜居宜业程度。只有发展环境优越、服务功能完善、孵化体系完备,才能更好地吸引和留住外资。

倾力支持产学研战略合作

山东省济宁市委副书记、市长梅永红出席产学研战略合作协议签字仪式。他说,作为世界知名的跨国公司,巴斯夫集团规模实力雄厚,技术工艺先进,管理理念超前,已成为世界化工行业发展的风向标、领航者。一直以来,巴斯夫集团与济宁保持着良好的合作关系。这次巴斯夫集团深化与浩珂矿业公司的合作，依托中国矿业大学的科研技术优势、济宁矿业集团的资源品牌优势，在战略合作平台、信息交流平台和创新工作平台建设等领域深化合作，对于进一步提升济宁市煤炭企业新技术、新产品、新工艺研发能力，促进安全生产、优化装备系统、提高经济效益必将发挥重大作用。他表示，济宁市委、市政府将倾力支持产学研战略合作，市直有关部门和济宁高新区要积极主动搞好配合，提供有力保障，全力创造一流服务环境。

签约仪式上，梅永红，巴斯夫集团副总裁、亚太区总裁 Christian Mombaur（麦斯仁），中国矿业大学矿业工程学院副院长张农，济宁能源董事长虢洪增和山东浩珂矿业公司董事长崔金声分别致辞。他们一致表示将共同加速科技成果的转化和新产品、新技术、新工艺的生产和使用，努力形成长期、稳定的双赢关系。

今年 7 月 16 日，在济南的山东大厦举行的惠普-济宁共同打造国际软件人才及产业基地签字仪式，标志着总投资达 20 亿美元的惠普大项目正式落户济宁，这也是济宁改革开放以来迎来的最大的外资项目。

据了解，近年来，惠普中国制定了软件人才及产学研发展规划，意在通过设立人才实训基地等一系列措施，为中国乃至世界提供中高端软件人才，其华北基地将涵盖北京、天津、山东、河北等四个省区。得知惠普中国要建设华北基地后，济宁方面迅速行动，全力以赴争取项目落地。通过与惠普公司几十次的交流和对接，以及惠普公司和其委派的专业公司对济宁高新区的明察暗访，双方终于达成一致意见。

不断提升对外开放的品质

“今天是全球化时代，无论你接受不接受。扩大对外开放是安身立命之所在，必须以一流的营商环境作支撑，把优化提升营商环境作为扩大开放的‘生命线’。”6 月 29 日，梅永红在济宁市对外开放工作会议中说。

“外商选择投资地，最关心、最看重的是一个城市的品质和宜居宜业程度。”梅永红认为，要在扩大城市规模、完善基础设施、提升城市功能的同时，把优化人居环境作为主攻方向，加大“五城同创”推进力度，搞好以水、大气和噪声污染为重点的城市环境综合整治，搞好城乡环境绿化、亮化、美化。同时，完善保税物流中心总体规划，加快推进济宁保税物流中心建设，提高通关便利化水平。

对于济宁而言，首先要继续拓展开放领域，发掘济宁产业、资源的优势和潜力，对工业、农业、科技教育、文化旅游、资源开发、基础设施、城市建设等领域全面推动,实现利用外资“多点开花”。2012 年,在济宁市利税过千万工业企业中,对外合资合作企业占到 60%以上。

惠普-济宁共同打造国际软件人才及产业基地签字仪式后,梅永红指出:“最吸引外商的是我们能对引入企业提供哪些增值服务,能不能在发展理念上与他们完全吻合,这是关键之一。”惠普公司全球副总裁、软件集团总裁汉斯皮特·克莱对此非常认可:“这个项目不单单是惠普选择了济宁或济宁选择了惠普,而是双方彼此的共同选择。”

提高服务功能优化软环境

在谈到营造软环境的问题时,梅永红认为,应积极推动“三个转变”,即由注重出台优惠政策向全面优化市场环境转变,由侧重维护治安秩序向全面优化法治环境转变,由主要依靠政府提供服务向全面优化社会环境转变。

根据济宁今年刚刚出台的《关于扩大对外开放加快开放型经济发展的意见》,济宁利用外资质量水平,从以开放第二产业为主转向三大产业全面开放,从以传统产业招商为主转向突出战略性新兴产业招商,并更加注重“引智”,集中引进能够突破关键技术、发展高新产业、区域发展急需和紧缺的高层次创新创业人才。同时,将创新利用外资方式,完善招商联络网络,建立健全与投资济宁的世界 500 强企业间的经常性沟通联络机制。

同时,济宁制定了更加优惠的扶持政策,从明年起全市外经贸发展专项资金提高到 3000 万元并逐年增加,用于引进外资、外贸进出口、企业走出去等方面的奖励和配套补助。

“最吸引外商的是,在他们需要时我们能不能立刻出现,这也是关键。”梅永红指出,还应加快建设金融、物流、信息、科技等生产性服务设施,将开发区打造成集科研、制造、商务、融资、物流及现代服务业于一体的社会化服务平台,实现企业与各类公共服务机构改革的配套衔接、无缝对接,最大限度降低企业的商务成本。

新闻宣传是企事业单位的“刚需”,稿子组织得好,“旧闻”也能变成“宝”。稿子能不能发表,关键在于稿子组织得好不好、巧不巧。

第四个锦囊：

新闻如何提升“颜值”？通讯怎样写更出彩？

第一节 吸睛标题起得好,稿件“颜值”肯定高

新闻标题,是用以揭示、评价新闻内容的文字,是新闻内容的集中和概括。俗话说,“看书先看皮,看报先看题”,“题好一半文”。读者打开报纸,要看什么、先看什么,取决于标题。标题是报纸给予每个读者的“第一印象”。读者从标题中大体可以判断出新闻的价值及可读性。画龙难,点睛更不易。眼睛点得好,整条龙就活灵活现了。制作标题就是为新闻“点睛”。

一、新闻标题的作用

(一)吸引注意,诱读正文

当你在报上看到“破的是大案,为何揭出的是小人物?”这样的标题时,你是否一下子就被强烈地吸引住?当你在网络上看到“实探淄博烧烤:一把串搅动一座城,‘爆火’能变‘长红’吗?”这样的标题时,你是不是很想看个究竟?好的标题不仅可以吸引读者的注意,还可以长时间留在人们的记忆里。

(二)概括内容,传递信息

在如此快节奏的今天,对匆忙的读者来说,75%的信息是从标题上获得的。也就是说,由于标题概括了新闻的主要内容,读者在阅读标题时就已经把报纸内容快速地“认购”了,待以后时间允许再慢慢细读;即便时间不允许,主要信息也已获得。

(三)评价事实,增值信息

标题能对新闻起到画龙点睛的作用,能点出新闻所蕴含的深层的含义,给人以鼓舞,促人以思索,有很强的倾向性。例如,2023年5月20日《人民日报》上的两个新闻标题:“习近平主持首届中国—中亚峰会并发表主旨讲话 强调携手建设守望相助、共同发展、普遍安全、世代友好的中国—中亚命运共同体”和“中国空间站低成本货物运输系统总体方案公开征集”。标题能对新闻事实作出评价,表明媒体的态度,发挥引导舆论的作用。

二、标题的种类与结构

（一）按照性质分类

新闻标题按照性质不同，可分为实题与虚题两类。实题是对主要新闻事实的概括、简练的陈述；虚题是对事情原委的交代、思想意蕴的点化、环境气氛的烘托等。消息类新闻体裁的标题可以虚实题并用，并以实题为主；通讯、特写、报告文学等体裁，可以只用虚题。

（二）按照结构分类

新闻标题按照结构不同，可以分为单一型标题与复合型标题两类。

1. 单一型标题

单一型标题又称单行体，即只占一行。此类标题，以简明的文字表现新闻内容，使人一目了然。这种标题要求文字简明、确切。例如：

我国首台智能火车清车机“上岗”

中国海油油气总产量创历史新高

2023年全国家庭教育宣传周活动在京启动

2. 复合型标题

复合型标题又称多行题，是指由肩题（也叫引题、上辅题）、主题、副题等三种标题所组成的标题群。在组合过程中，又细分为二行题（“肩题＋主题”或“主题＋副题”，以及两主题并列）和三行题（“肩题＋主题＋副题”）。主题是标题的核心部分，作用是说明主要事实或态度，多为实题，字号最大，位置亦较显著。肩题又称引题或眉题，在主题前，是主题的“先行官”，字号一般小于主题而大于副题，其作用是引人注意、烘托气氛、交代背景、说明原因、总结意义等，多为虚题。副题是对主题的进一步说明，多为实题。

二行题如：

（肩题）山东东营市多措并举激励干部担当作为——

（主题）**变“伯乐相马”为“赛场选马”**

（主题）**我国首张三沙市地图出版**

（副题）全面显示三沙市地理位置和南海诸岛地貌

（肩题）山西大力发展村级光伏电站
（主题）**“太阳出来就赚钱”**

（主题）**“梁山伯”新婚燕尔**
（主题）**“祝英台”快做母亲**

三行题如：

（肩题）在深圳
（主题）**“小字辈”大显身手**
（副题）他们说：这完全是时势造英雄

（主题）**假钞假证假文凭**
（主题）**真蒙真骗真该罚**
（副题）一批假证件假美元被查获

三、标题制作的基本要求

许多记者、编辑认为，制作出一条精彩的标题所获得的创作上的满足感，绝不亚于吟出一首好诗。要做到这一点，需要长期的训练和深厚的文化功底，绝非一日之功。这里，提出几点最基本的要求。

（一）要逮住“新闻眼”

制作标题要抓住新闻中最具新闻价值的东西，把它提炼出来，放大出去，从而吸引读者。比如“济矿物流更名为‘济宁港航梁山港’”“梁山港首条河江海联运航线开通”“注册资本1亿元　济宁港航金属材料有限公司成立”，就很容易抓住读者的眼球。

（二）要准确

这里所说的准确具有三层含义。一是要题文相符；二是要准确概括事实，避免产生歧义；三是要避免片面性。

（三）要生动

多种修辞手法和古典诗词、民间谚语、群众创造的生动语言的运用，都可以令标题熠熠生辉、使人过目难忘。比如“非遗传承人杨柳表演独竹漂的短视频走红海内外　一竹载轻裳　起舞云水间”“‘正步’人生　从未‘稍息’”“山西石窟寺　远在深山有人识”，都很生动、出彩。

（四）要简洁

标题越简单、越不费解，便越好。请看以下两个标题：

（主题）**双庙公社进沈阳农学院开豆腐坊**

（副题）沈阳市委欢迎，昌图县委支持，沈农党委重视

（主题）**公社豆腐坊　办到大学里**

报道同一事件，哪个标题简洁、明了、深入，哪个标题啰唆、局限，大家一看便知。

四、吸睛标题的“四美”特质

（一）准确美

标题应规范准确、表述清晰，避免错别字、漏字、多字。请看《中国能源报》2014年5月26日第22版刊发的新闻《济矿集团前4个月营业收入突破11亿元》：

济矿集团前4个月营业收入突破11亿元

本报讯　近日，笔者从山东省济宁矿业集团有限公司1—4月份生产经营调度会上获悉，2014年1—4月份，在煤炭价格大幅下降的情况下，济宁矿业实现营业收入11.22亿元，同比增长4.39%；实现利润7424.34万元；吨煤利润高于济宁地方煤矿平均水平；吨煤成本同比下降15.35%。

济宁市统计局提供的数据显示，2013年，济宁矿业实现营业收入32.57亿元，同比增长3.5%；实现利润总额4.08亿元，同比增长45.73%；实现净利润2.74亿元，同比增长105.14%。在全国煤炭行业利润同比大幅下降的情况下，济宁矿业集团实现逆市增长。同时，济宁矿业集团2013年实现经营活动现金净流量8.67亿元。

据悉，济宁矿业集团有限公司是一个以煤为主，集煤电、化工、冶金、机械制造、新能源、水陆港运于一体的国有大型现代化企业集团。现拥有下属企业17家，职工11000余人，资产总额98.5亿元。2013年，济宁矿业集团生产原煤538.56万吨，销售收入32.1亿元，利税9.1亿元，是全国煤炭百强企业、煤炭行业“效益十佳”单位，是山东省人民政府重点发展的企业集团之一。**（王传钧）**

（二）鲜明美

标题应鲜明地表达文章的观点，就实避虚、浓缩精华、抓住要点，保证读者、编辑能够快速、清晰、准确地捕捉到文章的中心主旨。请看《企业家日报》2015年10月19日第2版刊发的新闻《济矿集团向“庸懒散拖”动刀》：

济矿集团向“慵懒散拖”动刀

特约记者　王传钧　报道

本报讯　近日，山东济矿集团在机关召开了主题为“企业目标已分解，集团机关怎么办”的经营管理座谈会，总经理张广宇做了题为《常自问、多反思、重落实、提效率，全力全面全心推动济矿集团稳定健康发展》的讲话，对集团机关第四季度的工作重点进行安排部署。这同时也意味着该集团开始正式向“慵懒散拖”的机关作风动刀。

会上，集团机关各部门负责人首先汇报了前三个季度的工作开展情况和第四季度的工作打算及措施。济矿集团领导班子成员分别对各自分管部门所做的工作进行了点评、补充，并就第四季度的工作重点进行安排和强调。

总经理张广宇在讲话中强调，济矿集团机关是企业的“司令部”，既是决策者，也是实干者；既要摸实情，又要出实招，更要抓落实，求实效，只有这样，集团机关才有战斗力、影响力、凝聚力，才能开创新局面。张广宇并指出当前集团机关中存在以下问题：

工作的紧迫感、紧张感、压力感有所降低。抓工作落实的力度不够，“只听雷声，不见雨点”。说一次就轰轰烈烈地搞一次，一段时间不讲了，就不见动静，又恢复以前的样子。

深入基层调研不深、不细，下企业走马观花，蜻蜓点水。习惯于发个文件、开个会议、听个汇报，对企业存在的生产经营问题把握不准，好似雾里看花，若明若暗。对问题研究不深不透，对企业的真实想法了解不够。

报喜藏忧，拖拉推诿，顺水推舟的老好人主义作风有所抬头，责任心有所缺失。一些领导干部并不是没有发现集团机关工作落实中存在的问题，而是推脱掩盖、视而不见，企图大事化小、小事化了。

学习力不强，干部整体素质有待提高。习惯于被动指挥、被动工作、不推不动。一说工作，先摆困难、讲条件、提要求，不主动学习、不主动实践。有些同志习惯于凭老经验、老传统、老脑筋办事，等等。

济矿集团第四季度的任务目标已下达，各企业都对任务目标进行了分解，并召开了动员会，提升了士气，对完成目标都下了决心、充满信心。集团机关应该怎么办？张广宇指出，应该在总结回顾前三季度工作的基础上，问一问自己哪些工作没有做好，哪些工作没有做到位，在自问自答的过程中，理清思路、坚定信心、做好工作。

张广宇在会议的最后向集团机关全体中层以上管理人员提出了五个"问一问自己"的要求：一是问一问自己是否有全身心投入、干事创业的激情，二是问一问自己是否有尽职尽责、勇于担当的魄力，三是问一问自己是否有高效服务、雷厉风行的作风，四是问一问自己是否有发现问题、解决问题的真本领，五是问一问自己是否有任务没有完成、工作没落实的项目。

（三）新颖美

标题要体现独特之处，不落窠臼、生动传神、抓住视线。在制作标题时，应对语言用词适当优化，字字珠玑，新颖别致，从而让人过目难忘。请看《华矿安全报》2015年3月30日第2版刊发的新闻《山东省科技进步一等奖花落济宁能源》：

山东省科技进步一等奖花落济宁能源

本报讯　在近日召开的山东省科技奖励大会上，济宁能源发展集团与中国矿业大学联合完成的"城市及周边地区下压煤由条带变固体密实充填采煤关键技术"项目获得2014年度山东省科技进步一等奖，这是该集团首次获得省科学技术一等奖。

该项目主要解决了我国华东矿区大量建筑物压煤与条带开采遗留煤柱造成的资源浪费和煤矿开采造成的建筑物与生态环境破坏问题，已在山西盂县、淮北、内蒙古乌海等多个煤矿推广应用，为企业带来直接经济利润达10余亿元。

近年来，济宁能源发展集团从企业生产实际出发，大力开展科技创新工作，尤其是对事关企业长远发展和影响矿井安全生产的薄弱环节组织了攻关，每年的科研经费不断增加。其中，2014年有63项科技研发计划列入集团统一研发，科研预算为2378.31万元。2010年以来，集团公司累计科技投入达7700余万元。目前，该集团已经取得国际领先水平成果3项，国内先进以上成果65项，专利成果95项，获市级以上奖励成果99项。

此外，该集团鼓励职工进行自主创新和技术改造，开展了以职工创新为重点的全员创新创效活动，并以职工的名字命名科技创新项目。**(王传钧)**

（四）组合美

在通讯标题的制作时，想让其醒目、有神，可以灵活运用比喻、对偶、设问等修辞手法，力求生动形象、精炼紧凑、含蓄隽永，以增强标题的表现力。运用修辞手法时，一定要恰如其分、浑然天成，不能刻意拼凑、生搬硬套。请看《企业家日报》2017 年 2 月 6 日第 1 版头条刊发的通讯《济矿集团为什么能？——寻找山东济矿集团 2016 年营业收入突破 50 亿元的神奇答案》：

济矿集团为什么能？

——寻找山东济矿集团 2016 年营业收入突破 50 亿元的神奇答案

特约记者　王传钧　济宁报道

成大势者，观大局，谋大事。2016 年，济矿集团以张广宇总经理为首的经营班子，面对严峻的市场形势，坚持“稳中求进”主基调，以“十大开源、十大节流、十大改革、十大风险防控”为抓手，以“责任包保、督导帮扶、预算控制、目标考核”四大机制为保障，适时调整发展姿态、调优发展思路、调实发展举措，一步一个脚印，稳扎稳打做好各项工作，经营效益以前所未有的幅度增长——全年实现营业收入 50.47 亿元，与上年同期相比增长了 21.96%，而且利润总额是 2015 年的 47 倍！

从 2015 年杀入全国 3% 的盈利煤企阵营，取得“没有亏损、没有欠款、没有库存、没有拖欠工人工资”的傲人战绩；到 2016 年营业收入突破 50 亿元，且利润总额是 2015 年的 47 倍，山东济矿集团为什么能？记者认为，企业效益归根结底是由人创造出来的，是全体干部职工团结协作、拼搏进取换来的成果。简单来说，是因为济矿集团有能人。确切地说，是因为济矿集团有“四种人”。

公道正派、务实担当的领路人

前两天，记者跟随济矿集团公司网站关注度考核组去安居煤矿考核，在回集团机关的路上，与开车的司机师傅攀谈起来，他一脸幸福地说：“感谢张总给我们选了个好矿长，安居矿今年的效益真不错，我们都很满意。”

司机师傅看上去 40 多岁，淳朴敦厚，可没想到他夸人还“双响炮”，既夸奖了集团总经理张广宇，又表扬了安居矿长蒋凌强。

早在 2015 年张广宇就在一次专题会议上指出，实施人才强企、科技兴企战略，必须做好三个方面工作：一是要牢固树立人才先行的观念，切实增强人才危机和忧患意识，牢固树立“人才资源是第一资源”的理念，超前储备好人才；二是加大人才培养和使用的力度，以战略的、发展的、创新的眼光，重视人才的培养和使用，整合内外部培训资源，加强教育培训工作，打碎用人上的“有色眼镜”；三是大力营造有利于人才健康成长的良好环境，切实树立人才意识，及时发现和大胆使用政治上靠得住、工作上有本事、作风上过得硬的优秀人才，做到知人善任、广纳群贤，营造积极健康的干部心态、风清气正的政治生态、努力干成事的工作环境。他是这么说的，也是这么做的。

在企业的改革发展中，难免会遇到困难。这时，张广宇定会给大家打气鼓劲——“困难，突不破就是关卡，突破了就是高地。危机，战不胜就是压力，战胜了就是机遇。”他毅然决然地带领集团全体干部职工高擎改革创新的大旗，吹响拼搏奋进的号角，用科学有效的管理向困难说“不”。2016 年 7 月份，为弄清问题、鼓舞士气，张广宇专门到霄云煤矿与基层管理人员和职工代表零距离座谈交流。“伙计们要敞开心扉、畅所欲言，座谈发言不揪辫子、不打棍子。”一位总经理把职工称为“伙计”。其实，在他的心里，职工一直都是他的“伙计”。

“能用机械的不用人”；“能改善职工劳动强度而不改善的，生产矿长要与职工一道工作，直至环境改善为止”；“让职工分享到因节支降耗所带来的有益成果”……这些暖心的名句，张广宇在多次会议上反复提及，“我们改变不了市场，我们可以改变职工的劳动环境”。

为更好地促进经营班子成员间的协作配合，济矿集团经营班子还于 2016 年 3 月专门设置了“AB 角”，实行经营班子“AB 角”补位制，避免工作缺位或空岗现象，确保集团各项经营管理工作高效运行。这是济矿集团成立以来首次在经营班子层面设置“AB 角”。

凝聚一批人，带动一批人，影响一批人。就这样，济矿集团经营班子这群公道正派、务实担当的领路人以身作则、率先垂范，集聚起“此时无声胜有声”的强大力量，干部群众手牵手、肩并肩，信心满怀地走向一个又一个辉煌。

攻坚克难、锐意进取的开路人

集团公司煤与非煤企业的负责人和各级管理人员就是企业攻坚克难、锐意进取的开路人。这群人的最大特点就是不怕困难、带头实干，把“给我上”转变为“跟我冲”。

2016 年 1 至 4 月份，花园煤矿的生产任务相对紧张，为了完成各项任务，该矿主要负责人崔海峰、党委副书记李祥红 4 个月的休息时间均不到一周。“五一”期间，为了能让干部职工多陪陪家人，该矿决定从 4 月 29 日开始到 5 月 3

日,全矿干部职工连续5天集休,而花园煤矿主要负责人崔海峰、党委副书记李祥红和机电技术科、运转工区的10名经验丰富的维修人员却放弃了假期,对主井箕斗进行了更换。

由于施工难度大,为保证各个环节都万无一失,李祥红和崔海峰两位党政负责人,各自带上几个维修工,一个跟早班,一个跟中班,与维修人员一起把旧箕斗拆下来、运上去,再把新箕斗拆开、分运。井下组装、安装调试,每个步骤他们都和维修人员一起寻找最佳解决方案,每个细节他们都认真把关。连续奋战6个小班,保质保量、安全顺利地完成了主井箕斗的更换工作。

2016年,对阳城煤电来说,是极不平凡的一年,春节后的安全事故打乱了整个阳城煤电前进的步伐。危急关头,薄福利矿长临危受命,他通过实施安全精细化管理,下大力气解决制约安全生产的各类问题。按照安全管理五项重点、三项难点、三项关键点的“533”原则对安全进行划分管理;强化隐患闭合,实行生产影响三级应急处理响应机制,加大现场监管;管理人员值班实行AB岗制度,安全员实施淘汰机制,强化现场全面监管;加大对班组长以上管理人员安全培训力度,进一步规范职工的操作行为,提高了安全管理水平。阳城煤电2016年实现销售收入12.43亿元、利润2.8亿元、利税4.61亿元,真正舞活了济矿集团发展奋进的龙头。

2016年,素有济矿集团陕北资源开发基地“桥头堡”之称的朱家峁煤矿,在矿长林卫国的带领下也取得了历史性突破,经多方持续不断的努力,成功接管了矿井,实现了“安全生产、矿井验收、洗煤厂建设”等三大重点工作齐头并进。

还有运河煤矿矿长马金平、义桥煤矿矿长张新华、霄云煤矿矿长王召强和各非煤企业负责人……都相当出色。

稳扎稳打、爱岗敬业的勤快人

职工是企业发展的动力和源泉,任何企业的发展壮大都离不开普通职工的辛勤工作和默默奉献,济矿集团的职工就是一群稳扎稳打、爱岗敬业的勤快人。

2016年12月中旬,济矿集团物资公司采购员邵燕燕接到了瓦斯巡检用地址卡的采购任务,随即向原瓦斯巡检系统厂家询价,报价为80元/个。她感觉价格太高,后又向多个其他供货商询价比价,仍觉得价格偏高,遂上网搜寻该物资,发现网上确有该种物资,报价为1.27元/个。邵燕燕立即就此信息与矿上沟通,让技术人员落实网上的规格型号是否与巡检系统配套。得到配套的明确回复后,为谨慎起见,邵燕燕先选了两家不同价格的产品买了几个进行试用,确认可行后,才进行了大量采购。仅此一项,即为集团年节约采购成本7万~8万元。为此,她受到了物资公司的“总经理嘉奖”。

2016年下半年,在义桥煤矿三采区轨道、胶带两条下山的皮带架腿上,悬挂着许多塑料小瓶,里面装满了维修皮带常用易损的涨销等物件。目前,该矿皮带架杆都是从采煤面回收再利用的旧架杆,涨销等配件已老化,为方便维修、取用方便,该矿职工宋远鹏将工友们喝完的饮料瓶稍加切割改造,便形成了一个个回收瓶,在皮带架腿上每隔9米悬挂一处,里面装上皮带维修所需的小物件,方便随时换,工友们取名“远鹏小瓶”。这一创新举措不仅减少了维修取件的奔波时间、提高了工效,更减轻了职工的劳动强度。

近日,落陵盛源公司支护材料厂设计应用了加密钢网焊接设备,不仅改变了加密钢网的加工方式,而且大大降低了劳动强度、提高了生产效率。

科技创新是煤炭行业发展的“命门”,是降本增效的“捷径”。集团公司技术比武矿井维修电工一等奖获得者、阳城煤电的高峻博采众长,结合工区实际,开展了一系列技术创新,并有效地运用到了生产工作中。其中,主井电控系统的自动化升级,不仅大大提升了主井电控的稳定性,同时减少岗位工8人,大大降低了人工成本……

能征善战、甘于奉献的营销人

济矿营销人具有“明知山有虎,偏向虎山行”的冲劲儿。2016年12月23日至24日,济矿集团物资公司委派其副总经理李艳春等一行4人,冒着零下20摄氏度的严寒远赴沈阳三一集团有限公司总部,与三一集团高层协调解决三一产品在济矿集团出现的系列问题。

在与三一集团高层的沟通协调中,李艳春一行阐明了物资公司供应商管理的原则,对其近期出现的系列问题,亮明了态度。经过多轮谈判,三一集团最终做出实质性让步:第一,对配件不通用的设备限期给予更换;第二,配件供应由原厂直供,价格大幅下降;第三,设立济矿集团专用库,同时派驻两名售后服务人员专门为济矿集团服务,并承诺接到通知后确保两个小时到矿。此举有力地维护了集团公司的整体利益,与厂家进行了直接有效沟通,而且大大增进了彼此的了解和合作潜力。

济矿营销人具有“既能精业务又能常出差”的干劲儿。2016年7月,既是济矿集团营销分公司总经理,又任集团公司煤质运销部经理的徐义平告诉记者,他们的业务员可不一般,既“精业务”又能“常出差”,每个月有20天以上是在跑业务的路上。可以说,每一笔成功的交易都是他们用双脚丈量出来的、用汗水浇灌出来的、用智慧博弈出来的。

默默无闻、值得敬重的幕后人

幕后人,是指在舞台帷幕后面辛勤工作、默默奉献的人。本文的幕后人主要是指支持济矿集团职工安心工作的坚强后盾,以及支持济矿集团改革发展的各方社会力量。这里的幕后人分为两类:一类是和济矿集团职工紧密相连的家庭团队,包括父母、岳父母、配偶、子女和兄弟姐妹,以及已经从济矿集团退休的老领导、老同志、老职工及他们的家属等;另一类是和济矿集团有外部关联的社会各界人士,包括分管济矿集团的各级领导,支援济矿集团发展的金融界、法律界、环保界人士,以及煤炭行业、安全领域、交通运输方面的专家、教授等。每一位幕后人都值得敬重和感谢,他们是幕后英雄。

霄云煤矿职工杨倩倩曾在她的《你可知,我的幸福在你那里!》一文中写道:"你下班回来跟我讲,今天上班又出了点问题,把你肩膀砸伤了,原因是井下作业时某一处的钢丝绳突然断裂,惯性使钢丝绳猛然下坠砸到了你的肩膀,被砸之处都有些淤紫肿胀。你竟然还笑着调侃,幸好头上戴着安全帽没砸到脑袋,幸好力道没那么大。我直接回你一句,幸好你命大……现在,我都开始害怕你下班回家和我谈起你工作中的事情,真怕有个什么危险冒出来。亲爱的,我想告诉你,工作中凡事务必小心,吃一堑长一智,危险的事情请不要再出现哪怕一次。你要知道,你的安全牵系着我的幸福,也牵连着我们全家的喜乐!"

每个职工家庭都有幕后人,每一位矿嫂都是幕后人,作为妻子,她们不计个人得失,全力支持丈夫的工作,让丈夫保持愉快的心情,安心在井下工作。"高高兴兴上班去,平平安安回家来"是每一位矿嫂的幸福期盼。济矿集团领导班子十分理解和敬重她们,几乎每年都评选"济矿集团十佳贤内助",以资鼓励,关爱家庭,树立标杆;几乎每年都举办"金秋助学""慈心一日捐"活动;几乎每年都有慰问困难党员、帮扶特困职工的救助举措。

全年实现营业收入50.47亿元,与上年同期相比增长21.96%,而且利润总额是2015年的47倍!济矿集团为什么能?答案很简单:因为济矿集团有群特殊的人,他们公道正派、务实担当,他们攻坚克难、锐意进取,他们稳扎稳打、爱岗敬业,他们能征善战、甘于奉献!

本篇稿件的标题和正文都体现了高"颜值",包括稿中的小标题也都是经过多次打磨的,组合到位、恰如其分、主旨鲜明,既满足了读者的阅读欲望,又提高了新闻的可读性。

第二节 闯过导语这一关，证明稿件不一般

导语是新闻的开头，通常在第一个自然段，是新闻独有的结构语言，也是新闻事件中最重要的内容或亮点。

作为记者、通讯员，写好导语相当于写好消息。可见，导语在消息中的地位十分重要。闯过了导语这一关，你的稿件基本上就能发表了。

导语是敲门砖。导语是新闻走向媒体、走向读者的阶梯。虽说“文无定法”，但新闻导语终究有一定的结构形式，导语写作也有一定的规律可循。

一、导语写作十法

（一）有一说一式

引用当事人的原话或描写事件的场面，再加以说明，这是比较常见的一种导语写法。例：

“哎哟，集团公司出新报纸了，还不孬呢！我得好好看看。”这是济宁能源发展集团职工在拿到《济宁能源报》创刊号时的第一反应。

古人有云，“至人无己，神人无功，圣人无名”。历史上确实有许多这样的人，活着时默默无闻，死后一鸣惊人。

新闻写作要点：切忌用得过多、过滥。

（二）直击日期式

以日期为第一陈述对象，后带主语、谓语，直接叙述。对事件本身不做丝毫重构和渲染。例：

2023年1月18日，山东省第十四届人民代表大会第一次会议选举周乃翔为省长。

新闻写作要点：政治性文章只宜引用新华社的陈述原文，不做评论。

（三）活学活用式

从原文截取一部分加进自己的叙述中，后接“直击日期式”导语。例：

当“保护公民合法私有财产”写进宪法之后,2004年10月,十届人大对物权法草案再次进行了审议。

新闻写作要点:此类题材的文章,应多用前瞻性口吻。

(四)最多更少式

用判断句式,先下一个定义,给某种事物赋予一个名分地位,再接事实叙述。句中可使用些夸张的笔法。定义中,“最”“更”之后可加“之一”。例:

《猫》,无疑是百老汇舞台上最激动人心的篇章之一。2003年3月28日的上海,《猫》首次在中国演出时大受欢迎。

新闻写作要点:谨防过分夸张,不要充溢过多的感情或溢美之词。

(五)刻意炒作式

媒体先掌握事件的细节,再去刻意地套用新闻的形式报道。例:

32个版,《北京青年报》对单个人物的纪念特刊还从来没有过如此的“大手笔”。

当北海市浦头县渔民张国强一口咽下这块没见过的贝肉时,他没有想到,自己这一口吃下的竟是10万元人民币!

新闻写作要点:全面掌握特定的细节或知识。切记不要使用冲击力很强的标题,否则读者只需阅读标题就知道了内容。

(六)一语破的式

用最短的文字,一语破的、开门见山,无疑会使导语“抢耳”“抢眼”。例:

日本投降了!

新闻写作要点:干脆利落。

(七)轻重对比式

将两个在对比之下可让人眼前一亮或引人深思的细节放在一起做导语。例:

一个花十几元买来的柯达彩色胶卷,逼得市委副书记下跪认错。

一场下了几个小时的暴雨,引起了国家总理的关注。

新闻写作要点：注意对细节的取舍。

（八）电影预告式

从特定的角度、用别出心裁的文学语言和排比式的句子。例：

一个瘫痪在床自学多种外语的姑娘，一个几代青年心中的奋斗楷模，一个鼓舞了十亿人的文化偶像，这就是她——张海迪。

（九）以俗代雅式

用通俗易懂的语言阐述深奥的自然科学或社会科学领域的话题。例：

用一年有多少个“蓝天”来衡量城市环境的好坏，对老百姓来说，显然远比公布一大堆只有专家才能看懂的数字更有说服力。

新闻写作要点：通俗易懂。

（十）终审判决式

用深恶痛绝的语气、一连串的综述，配以比较夸张的形容词，为某事件或人物定性。例：

利用法律的漏洞，请×××这样的明星做铺天盖地的广告，聘请一批没有行医许可的所谓“专家”，给患者开出成本低廉而售价惊人的中药，这就是北京新兴医院的暴利模式。

新闻写作要点：一开始便确定批判性的基调。应充分考虑社会影响，并慎用。

二、导语写作六注意

（一）要为全篇定音

导语影响着后文的写作方向，写导语时一定要兼顾后文的内容和事件的发展趋势。

导语写得好，后文的写作会非常轻松，读者读起来也会非常流畅。请看《企业家日报》2018年4月2日第4版刊发的《济矿集团开展“企业要发展　我该怎么干”大讨论活动》的导语：

近日，山东济宁矿业集团开展了“企业要发展　我该怎么干”大讨论活动，这是该集团深入学习贯彻习近平新时代中国特色社会主义思想和党的十九大精神，认真落实山东省全面展开新旧动能转换重大工程和济宁市“思想境界大提升、纪律作风大整治、服务环境大优化”活动要求，在全体干部员工中开展的一项重要活动。据了解，“企业要发展　我该怎么干”大讨论活动的内容包括五方面。

（二）要有新闻事实

导语描写的事实要既新鲜又富有意义。请看《山东国资》杂志2020年6月6日刊发的新闻《注册资本金1个亿　济宁港航发展集团船务有限公司成立》的导语：

日前，从山东省济宁港航发展集团获悉，济宁港航发展集团船务有限公司注册成立，注册资本金1亿元人民币，由济宁港航发展集团有限公司和济宁浩珂企业管理有限公司共同出资，属于国有控股公司，注册地位于济宁高新区崇文大道2299号。

（三）要有新闻根据

导语应突出最新鲜的事实、突出距离报道时间最近的时间概念，在表达形式上要力求新颖别致。请看2020年7月20日《中国矿业报》第4版刊发的《济宁能源喜获农行50亿元综合授信服务　将在智慧物流交易平台搭建、供应链金融、智慧矿区建设等方面开展合作》的导语：

日前，济宁能源发展集团有限公司（简称“济宁能源”）与中国农业银行济宁分行签署战略合作协议，由中国农业银行向济宁能源提供50亿元综合授信服务和更加便捷、高效、多元的金融服务。今年以来，中国农业银行与济宁能源在智慧矿区建设、物流交易平台搭建等方面开展了合作，并就济矿物流项目达成7.5亿元融资意向。

（四）要抓住事件核心

只有抓住了事件的核心，才能使导语具有鲜明的个性。

例如，关于会议报道的新闻，读者所关心的不是某某人出席并讲话，而是他的讲话中有哪些引人注目的新内容，这才是具有新闻价值的东西，才是报道的重心所在。写稿子时应该把这样的内容放到导语里去，并且要放在突出的位置上。请看《企业家日报》2018年9月3日第2版刊发的新闻《济宁能源荣登两大榜单　2018中国煤炭企业50强和产量50强名单》的导语：

近日，中国煤炭工业协会发布了“中国煤炭企业50强”和“中国煤炭产量50

强”名单，山东省共有山东能源集团、兖矿集团、济宁能源发展集团、鲁泰控股集团4家国有企业进入两大榜单。其中，济宁能源发展集团荣登2018年中国煤炭企业50强榜单第44位；荣登2018年中国煤炭产量50强榜单第38位，这是济宁能源发展集团自2008年5月成立以来的最好名次。

一般来说，在写时效性强的新闻时，应该把最重要、最新鲜的事实写进导语里去，而对时效性不那么强、比较有人情味和生动有趣的新闻，则可以在导语中突出最有趣的情节或场面。

（五）要简明扼要

一般来说，句子越短、概念越少，越容易理解、越引人注目。请看《济宁日报》2022年6月22日第3版刊发的新闻《梁山港实现安全生产1888天》的导语：

截至6月20日，济宁港航梁山港有限公司实现连续安全生产1888天。

（六）要诱导读者阅读

导语的“导”字含有“开始、启发、吸引”等意义，导语肩负着把主要事实及其意义表达出来，以及启发、吸引读者阅读整篇新闻的双重任务。因此在写作导语时，一定要对所要报道的内容统筹兼顾，仔细地谋篇布局，兼顾到后文的内容写作如何开展。请看《中国水运报》官方网站2022年12月5日刊发的新闻《梁山港设立劳动定额员、验收员、设备管理员“三大员”》的导语：

近日，记者从山东济宁能源发展集团旗下的济宁港航梁山港有限公司（简称“梁山港”）获悉，为提高劳动效率，提升工程质量，提高企业机械化、智能化管理水平，梁山港根据实际需要专门设立了劳动定额员、验收员、设备管理员（简称“三大员”），正在受到越来越多同行的关注和点赞。设立“三大员”究竟有什么好处呢？

古人有“风行水上，自然成文”之说，新闻写作也应该这样。好的新闻，其结构犹如一级级台阶一样，引导着读者，不知不觉地“登堂入室”，兴致盎然地阅毕全篇。

第三节　劳模先进易上稿,大小标题要亮好

写“劳模”稿,必须得让标题“亮”起来、大气起来、阳光起来、精神起来。下面以我发表的市级劳模、省级劳模和全国劳模等作品为例逐一进行解读。

一、行成于思,突出境界

古人云:“行成于思。”劳模人物也是一样,在他们模范行动的背后,都有着先进思想的支配。采写人物通讯,要着力揭示先进人物的精神境界,这样才有普遍的教育意义。请看我在宣传济宁市劳动模范时所制作的大标题:

冲在前面,他是一面旗帜

——记济宁市劳动模范、济矿集团海纳科技机电设备制造有限公司安装车间主任文兴臣

正文第一段夹叙夹议、自然流畅、简洁明快:

他的事迹平凡琐碎却感人至深,他的表情严肃认真却真诚可亲;他的言语朴实无华却掷地有声,他的文化程度不高却屡创佳绩。他任劳任怨、开拓进取的实干精神催人奋进,他敬业爱岗、攻坚破难的创新精神受人尊崇。他一以贯之地以一种丝毫不敢懈怠的精神激励自己,脚踏实地、殚精竭虑、恪尽职守、冲在前面,为济矿集团和海纳科技职工的利益忘我奋斗,堪称海纳科技机电设备制造有限公司的一面旗帜。他,就是济宁市第八届劳动模范、济矿集团海纳科技机电设备制造有限公司安装车间主任文兴臣。

紧接着,运用六个小标题对主题进行精彩诠释:

基层干起,忠诚企业任劳任怨

善学爱钻,敢于啃“硬骨头”

心系工作,缠着绷带进厂盯活

模范带头，公司里的一面旗帜

节支降耗，他让小改小革唱主角

懂得感恩，不忘感谢领导支持

该篇作品发表于《济矿工人报》《济宁日报》《山东工人报》《山东矿业》等媒体。

二、活灵活现，呼之欲出

人物通讯不是人物简介，也不是人物鉴定，它要求所写人物必须生动形象，既接地气，又富有时代感。请看我在宣传山东省劳动模范时所制作的大标题：

奋战煤海14载　产煤560万吨无事故

——记“山东省劳动模范”、济矿集团运河煤矿综采二区副区长徐继兵

正文第一段介绍用数据说话，质朴无华、个性鲜明：

他奋战在地层深处百里煤海14载，共安全回采了16个工作面，产煤560余万吨且无事故；他所带的班组获济宁矿业集团“安康杯”竞赛优秀班组、明星班组，山东省安全生产十佳班组，山东省工人先锋号，山东省青年安全生产示范岗等荣誉。他个人获济宁市劳动模范、集团公司劳动模范、安全标兵、明星班组长、运河煤矿劳动模范等称号。从事井下采煤工作14年来，徐继兵始终对工作心存敬畏、细致严谨，追求安全第一。日复一日地付出，换来的是家人的满意、企业的认可和同事的敬佩。2018年“五一”前夕，徐继兵荣获“山东省劳动模范”荣誉称号。

紧接着，运用三个小标题对主人公独特的人格魅力进行诠释：

“五好”区队、“六好”班组建设，真好！

班组的安全管理和建章立制，真行！

团队和谐以身作则带头干，真服！

该篇作品发表于《济宁日报》《企业家日报》《中国煤炭报》《山东国资》等媒体。

三、有血有肉，生动感人

细节描写是对人物、事件、环境等进行细腻入微、具体生动的描绘，借以表

现人物、深化主题。在新闻写作中，尤其是在通讯类文体写作中，细节是增强新闻事实的真实性和艺术感染力的重要手段之一。请看我在宣传全国劳动模范时所制作的大标题：

千尺井下　为党旗添彩

——记党的十八大代表　全国劳动模范　山东省优秀共产党员　潘兴喜

正文第一段介绍直接用劳模的个人简介，形散而神聚，语言简洁质朴、自然流畅：

潘兴喜简历

潘兴喜，男，1972 年 2 月出生，山东汶上人，大专学历，1993 年 5 月加入中国共产党。

1990.12—1999.12　在部队服役

1999.12—2000.12　落陵煤矿采煤工区工人

2000.12—2006.1　运河煤矿综采工区工人

2006.1—2008.3　阳城煤矿综采工区工人

2008.3—2011.1　阳城煤矿综采一区副区长

2011.1—2011.5　阳城煤矿综采二区党支部书记

2011.5—2012.1　阳城煤矿安全科副科长兼综采一区副区长

2012 年 1 月至今　阳城煤矿应急管理办公室主任兼综采一区副区长

2010 年荣获全国劳动模范称号

2011 年荣获山东省优秀共产党员称号

2012 年 5 月 28 日光荣当选为党的十八大代表

紧接着，运用四个小标题＋肺腑之言的艺术形式对全国劳模进行诠释：

荣誉实现“全满贯”

“获得这么多荣誉我很激动，但责任更重。我不会停下脚步，将以一个更高的标准要求自己，保证工作不落下，决不给党旗抹黑。”

——潘兴喜的“荣誉感言”

感人事迹说不尽

“业务精益求精，待人有礼有节，处事公平公正，做人堂堂正正，干事干干净净。”

——潘兴喜的座右铭

塑造“矿工”新形象

“采煤也要讲技术的，不能做埋头蛮干的大老粗。如今都是现代化煤矿，用的都是大小功能齐全的高科技设备，不学会这些就落伍了。何况对于煤矿来说，安全就是最大的效益，而科学技术是可以保障生产安全的。”

——潘兴喜的“技术观”

“劳模效应”正升温

“个人的力量是微弱的，是集体凝聚成的强大合力，是严制度、严管理、严考核下大家迸发的干事创业的热情把我推在了荣誉的风口浪尖。”

——潘兴喜的“成功之道”

该篇作品发表于《济宁日报》《大众日报》《中国煤炭报》《山东工人报》《山东矿业》等媒体。

另外，请看《企业家日报》2017年9月18日第2版刊发的《成长进步靠什么？山东一国企老总三句话点透》：

成长进步靠什么？
山东一国企老总三句话点透

特约记者　王传钧　济宁报道

9月11日上午，济矿集团周一例会如期在机关办公楼305会议室举行。会上，该集团总经理张广宇在阐述“成长进步靠什么”的观点时仅用了三句话，有理，有据，有益，给记者留下了深刻印象。张广宇指出，作为一名管理人员，追求政治上的进步、水平上的提高，乃至职务上的升迁是好事，是有上进心的表现。但是，在追求个人进步靠什么的问题上，要看透事、把准脉。

埋头苦干　不投机取巧

由于客观世界的复杂性，现实生活中也确实有“会哭的孩子多吃奶”“投机取巧占便宜”的现象，但我们绝不能把阴暗面看得过重，把消极因素看得过多，把支流当主流。特别是习近平总书记主政以来，大家可以看到，从长远看真正有出息的、有前途的，还是埋头苦干、默默奉献的老实人。

首先，只有埋头苦干才能出政绩，为个人成长进步积累“本钱”。一个人能不能被提拔重用，很重要的是看他有没有工作实绩，也就是政绩。政绩是个人进步的资本，一个人的政绩从哪里来？只能是从苦干实干真干中来，没有一个不是用辛勤的汗水浇灌出来的。

其次，只有埋头苦干，才能增长才干。一个人的进步大小，要看才能高低、素质高低、境界高低。企业与事业机关不一样，是需要人才的地方，不是埋没人才的地方。在企业干，不用担心没有发展，就怕个人没本事。我相信，是金子总会发光的，是人才一定会被重用。

再次，只有埋头苦干，才能树立威信，为个人进步打牢基础。一个成长进步快的人，一定是威信较高的人。有了众望所归就打牢了基础，敬重埋头苦干的人是我们中华民族的传统美德和文化心理。搞投机取巧的人不论在哪里，威信都不会高。投机取巧的成功仅是一种侥幸，骗得了一时，骗不了长远；骗得了个人，骗不了众人。所以，要想有威信，只能靠脚踏实地、埋头苦干。

靠真本事　不拉关系

前些年，由于受庸俗关系学的影响，有的人认为个人进步靠关系，不是靠本事，认为“干部‘四化’（干部队伍的革命化、年轻化、知识化、专业化），不如有人说话”“干得好不如关系硬”；实事求是地讲，对依靠关系，不依靠本事上去的人，大家心里不服气，有怨气。但在目前新的形势下，那种“不跑、不找、不送上不去”的时代已经过去了，那种认为不拉关系是没本事、不识时务的“傻子”的观念已经过时了。不要低估了现在我们领导干部的境界和素质，要相信组织部门是有真事的，济矿集团是有真事的。

其次，要看到关系有用也有限，能管一时，管不了长远。在当前用人机制、竞争机制逐渐健全，法制建设逐渐完善的环境下，拉关系可能有用，但不尽然。干部成长已经是一个动态的过程了，在某一次或某一阶段不可否认，你拉的关系起一定的作用，但没有真才实学，肯定不会有发展的后劲。

再次，要看到是金子总会发光，唯有真才实学最可靠。在关系和事业的对比上，孰轻孰重？绝大多数管理人员心里清楚。有真本事放在那里，能打开局面，举荐的人说话有底气。反之，没有真本事，很难帮你说上话，即使说了话，碍于面子用了你，办不好事也给领导丢人。关系不可能永远靠得住，也有风险。

所以，只有下决心练好真本事，靠本事吃饭，有了真才实学，才能经得起时间的检验和人心的考察。

要靠组织　不靠人身依附

首先，要充分认识到个人的成长进步离不开组织的培养和众人的帮助。每个人的进步都不是天生的，是各级组织培养教育的结果，离不开各级领导的传帮带和广大同仁的支持帮助。在个人的进步上，可能某个领导在你身上花费的心血多一点，但领导是组织的化身，绝不能作为人身依附的理由，要感谢就感谢组织。

其次，要充分认识到个人能量再大也大不过组织的力量。随着习近平总书记推行的干部人事制度改革，党对国有企业越来越重视，在用人上制度越来越严格，集体的力量、群众的公论在用人上的作用越来越突出。大多数群众不高兴、不满意、不赞成的干部，即使提升了，也难站住脚。现实生活中，有人靠依附关系得了好处，这是事实。但因依附关系吃了亏的，也比比皆是。所以，作为一名管理人员，要保持高尚的人格，靠过硬的本事立足，始终保持光明磊落的情操，坚持自律自戒，戒私欲太盛，戒投机钻营，戒争功诿过，戒盲目攀比，做到无论什么时候都挺直腰杆做事、堂堂正正做人。归结为一句话："但行好事，莫问前程。"毕竟前程问题，组织将替你规划和考虑。

再请看《济宁日报》2018 年 8 月 24 日第 3 版刊发的新闻《王传钧笔耕不辍　连续七年获殊荣》：

王传钧笔耕不辍　连续七年获殊荣

本报济宁讯(通讯员　仇文)　近日，中国煤炭工业协会印发《关于表彰2017—2018 年度煤炭行业信息工作先进单位和先进个人的通知》，授予王传钧等 37 名同志"2017—2018 年度煤炭行业信息工作先进个人"荣誉称号。济宁能源发展集团公司王传钧再次斩获"2017—2018 年度全国煤炭行业信息工作先进个人"荣誉，这已是他连续第七年获得该项荣誉。

王传钧 2006 年进入国企工作，在济宁能源发展集团宣传岗位上打拼了十多年，不仅是"山东省十佳业余记者"、多家媒体的特约记者、"全国企(事)业优秀内刊'十佳主编'奖"获得者，同时也是《写好新闻 给你 6 把金钥匙》一书的作者；2011 年 6 月至 2018 年 7 月，王传钧在国家煤炭工业网上发表宣传稿件 400 多篇，其中仅 2013 年一年就发表了 109 篇。

据了解,王传钧所撰写的作品中除了有对济矿集团、济宁能源安全生产、科技创新、绿色环保、改革发展、社会公益的新闻报道外,还有对《如何从矿难事故中萃取“求生之道”系列》(6篇、3万字)、《矿工的安全心理亟待重塑》等涉及煤矿企业和矿工切身利益的焦点问题的剖析和挖掘,他的这类作品往往通俗易懂、实用性强,曾在《华矿安全报》连载过多期,并被中工网、中国煤炭网、中国安全生产网、中国能源网、安全第一网等多家网站转载,《中国安全生产报》也曾整版刊发过,曾一度受到全国煤炭行业和矿工群体的关注。

标题是文章的窗口和点睛之笔,是稿件易于发表的关键因素。一个好的标题,能让读者一见钟情并回眸一笑,是让全文升华的神来之笔。以上两篇宣传报道,虽然前者既有大标题又有小标题,后者只有一个大标题,但二者都有共同的特征:标题亮眼,神形兼备。

第四节　写大稿如烹小鲜，取舍间成就名篇

一、写大稿如烹小鲜

下面以我写的《济矿集团为什么能?》(详见本章第一节)为例，讲一讲这篇通讯大稿是如何从动机的萌发到大标题的出炉，再到小标题的制作，继而到整篇文稿的填充、完善的写作过程。希望通过解剖写作思路来展现一篇大稿的创作路径，从而使有兴趣的朋友得到一定的启发。

写作冲动。2017年1月10日，我在乘坐通勤班车回家的路上，无意中听到机关财务部的同事说集团公司2016年的整体效益非常好，首次超过了50亿元，利润是去年的多少倍……这时，我就想，我可不可以写一篇新闻通讯啊？对整个集团2016年的工作做一个总结、提炼，以振奋人心、鼓舞士气。有了这个想法后，自己写大稿的冲动与日俱增。

先期思考，选择角度，开始打腹稿。写什么？怎么写？从哪个角度切入好？站在什么高度上来统领全文？是写单独的一大篇，还是写系列报道？如何开头？……这些问题都需要一一在自己脑中过滤、筛选。

写大稿，应先定大调子。2016年整体效益非常好的成果，是怎么奋斗出来的？得寻找其中的原因，得解开其中的谜团，甚至需要讲透其中的做法和经验。于是，就定下了寻找答案、解开谜团的大调子的雏形。经过润色、补充，就形成了完整的大调子——“寻找济矿集团2016年营业收入突破50亿元的神奇答案”。大调子定好后，还需要进一步完善，确定一个响亮的主题，这个主题得能吸引读者眼球，不仅能让读者记住，而且要让读者有往下看(深入阅读)的欲望。斟酌再三，改了多遍，最后把主标题制作成“济矿集团为什么能?”。

“济矿集团为什么能?”属于疑问句式的主标题。以疑问句式出现的主标题往往先提出问题，引发读者追根溯源的阅读兴趣。疑问句式的主标题形式新颖，直截了当，一般适用于对重大问题提出意见或看法，所以使用频率很高，是常见的新闻标题形式。通讯标题一般是由主题和副题组成，经过填充，我把通讯大稿的标题补充完整：

济矿集团为什么能？

——寻找山东济矿集团2016年营业收入突破50亿元的神奇答案

大标题有了，还需要多个小标题来做有力支撑。于是，我根据“寻找济矿集团2016年营业收入突破50亿元的神奇答案”这个大调子，组织小标题来诠释“济矿集团为什么能”这个大主题。企业效益归根结底是由人创造出来的，是全体干部职工团结协作、拼搏进取换来的成果。济矿集团为什么能？简单来说，是因为济矿集团有人、有能人。于是，一个个鲜活的小标题应运而生：

公道正派、务实担当的领路人

攻坚克难、锐意进取的开路人

稳扎稳打、爱岗敬业的勤快人

能征善战、甘于奉献的营销人

默默无闻、值得敬重的幕后人

“公道正派、务实担当的领路人”：从集团机关层面入手，写集团领导班子成员公道正派、务实担当。领路人的英明领导在济矿集团2016年营业收入突破50亿元的“战斗”中起到了决定性的作用。

“攻坚克难、锐意进取的开路人”：从集团各权属企业入手，写各企业主要领导人员作为开路人是如何攻坚克难、锐意进取的。开路人的正确执行在济矿集团2016年营业收入突破50亿元的“战斗”中起到了重要性的作用。

“稳扎稳打、爱岗敬业的勤快人”：从各企业基层管理者和普通职工入手，写各企业基层管理者和普通职工作为勤快人是如何稳扎稳打、爱岗敬业的。各企业基层管理者和普通职工按部就班的工作在济矿集团2016年营业收入突破50亿元的“战斗”中起到了基础性的作用，夯实了工作实绩。

“能征善战、甘于奉献的营销人”：从营销团队的精神风貌上下功夫，写出营销人员能征善战、甘于奉献的精气神。营销团队在济矿集团2016年营业收入突破50亿元的“战斗”中起到了关键性的作用。

“默默无闻、值得敬重的幕后人”强调的主要是“幕后人”。这里的幕后人分为两类：一类是和济矿集团职工紧密相连的家庭团队，包括父母、岳父母、配偶、子女和兄弟姐妹，以及已经从济矿集团退休的老领导、老同志、老职工及他们的家属等；另一类是和济矿集团有外部关联的社会各界人士，包括分管济矿集团的各级领导，支援济矿集团发展的金融界、法律界、环保界人士，以及煤炭行业、安全领域、交通运输方面的专家、教授等。每一位幕后人都值得敬重和感谢，他们是幕后英雄。这些默默无闻的“幕后人”的济矿集团的后盾，他们在济矿集团2016年营业收入突破50亿元的“战斗”中起到了突出性的作用。

小标题有了，框架建设起来了，就该按照先后顺序考虑如何开头的问题。万事开头难，做事如此，写文章也是如此。精彩的开头，最突出的效果是吸引读者，给读者留下深刻的印象。几经修改，我的开头最终是这样的：

成大势者，观大局，谋大事。2016年，济矿集团以张广宇总经理为首的经营班子，面对严峻的市场形势，坚持“稳中求进”主基调，以“十大开源、十大节流、十大改革、十大风险防控”为抓手，以“责任包保、督导帮扶、预算控制、目标考核”四大机制为保障，适时调整发展姿态、调优发展思路、调实发展举措，一步一个脚印，稳扎稳打做好各项工作，经营效益以前所未有的幅度增长——全年实现营业收入50.47亿元，与上年同期相比增长了21.96%，而且利润总额是2015年的47倍！

从2015年杀入全国3%的盈利煤企阵营，取得“没有亏损、没有欠款、没有库存、没有拖欠工人工资”的傲人战绩；到2016年营业收入突破50亿元，且利润总额是2015年的47倍，山东济矿集团为什么能？记者认为，企业效益归根结底是由人创造出来的，是全体干部职工团结协作、拼搏进取换来的成果。简单来说，是因为济矿集团有能人。确切地说，是因为济矿集团有“五种人”。

紧接着，是对先前拟好的五个小标题下的内容进行填充。例如，第一个小标题“公道正派、务实担当的领路人”，虽然所要表现的内容比较大气、宽泛，我却是从事实的细小处慢慢切入的：

前两天，记者跟随济矿集团公司网站关注度考核组去安居煤矿考核，在回集团机关的路上，与开车的司机师傅攀谈起来，他一脸幸福地说：“感谢张总给我们选了个好矿长，安居矿今年的效益真不错，我们都很满意。”

司机师傅看上去40多岁，淳朴敦厚，可没想到他夸人还“双响炮”，既夸奖了集团总经理张广宇，又表扬了安居矿长蒋凌强。

接着，将目光聚焦到集团公司总经理张广宇、继而转向集团领导班子整体风采的展现上：

早在2015年张广宇就在一次专题会议上指出，实施人才强企、科技兴企战略，必须做好三个方面工作：一是要牢固树立人才先行的观念，切实增强人才危机和忧患意识，牢固树立“人才资源是第一资源”的理念，超前储备好人才；二是加大人才培养和使用的力度，以战略的、发展的、创新的眼光，重视人才的培养和使用，整合内外部培训资源，加强教育培训工作，打碎用人上的“有色眼镜”；三是大力营造有利于人才健康成长的良好环境，切实树立人才意识，及时发现和大胆使用政治上靠得住、工作上有本事、作风上过得硬的优秀人才，做到知人善任、广纳群贤，营造积极健康的干部心态、风清气正的政治生态、努力干成事的工作环境。他是这么说的，也是这么做的。

每一部分的收尾也很关键：

凝聚一批人，带动一批人，影响一批人。就这样，济矿集团经营班子这群公道正派、务实担当的领路人以身作则、率先垂范，集聚起“此时无声胜有声”的强大力量，干部群众手牵手、肩并肩，信心满怀地走向一个又一个辉煌。

以此类推，不再赘述。

最后是文章的结尾。好的结尾应该达到的效果是余音绕梁，回味无穷。我运用的是前后呼应、画龙点睛的方式：

全年实现营业收入50.47亿元，与上年同期相比增长21.96%，而且利润总额是2015年的47倍！济矿集团为什么能？答案很简单：因为济矿集团有群特殊的人，他们公道正派、务实担当，他们攻坚克难、锐意进取，他们稳扎稳打、爱岗敬业，他们能征善战、甘于奉献！

二、取舍间成就名篇

首先，我们要对搞活宣传工作充满信心，要把它当作一种乐趣、一项事业，而不仅仅是工作；其次，要对通讯大稿把控有度，知道什么时候该运用通讯大稿，明白该取舍哪些素材，尤其是选取的素材必须恰到好处，最好能体现出个人的文字功底和文学素养。请看《山东国资》杂志2020年8月刊发的通讯《济矿物流：坐拥多项全国第一　努力寻求高点突破》：

济矿物流：
坐拥多项全国第一　努力寻求高点突破

通讯员　王传钧

智慧物流是我国物流业未来发展的重要战略与方向。目前，山东港口已建成全球领先的集装箱全自动化码头和自动化堆场，解决了永续充电、无人驾驶等难题，出标准，出规范，成为引领我国港口智能等级迈入世界最高水平的主导力量。

在山东，还有一家物流企业也在寻求高点突破，这就是济宁矿业集团物流有限公司（以下简称“济矿物流”），他们在“推进流程再造，建设智慧物流”的进程中也起到了很好的引领带动作用，并拥有多个全国第一。

区位优势得天独厚　无人放仓装车全国首创

济矿物流正在倾力打造的山东京杭多式联运物流园项目，交通资源依托连接我国东西部的重载煤运铁路通道瓦日铁路与京杭大运河，多式联运作业区前方是董梁高速，后方与国道G220、G342紧紧相连，占据我国西煤东输、北煤南运的咽喉要地，园区物流能沿运河入长江，辐射苏浙沪，连接西部煤源产地和长江三角经济区，甚至还能够对接“一带一路”。

当你步入济矿物流大门时，“无人值守磅房”6个鲜红的大字便会映入你的眼帘。该磅房无人值守系统通过数据采集可获得现场硬件设备的实时数据，对现场设备进行监控、远程控制，通过网络传输协议实现数据、应用、视频、图像的互联互通，同时具备完善的保护功能、语音智能提醒、道闸智能控制，安全、灵活、可靠。

8月初，全国首个无人放仓装车系统率先在济矿物流万吨煤仓启用。据济矿物流总经理助理兼生产技术部经理王亚林介绍，该系统通过磅房无人值守系统提供的实时信息，可自动进行车牌识别、货位识别、车长和车高识别等，还能根据装车车厢长度计算带式输送机的运行速度，实现装车均匀，避免货车装车时过轻或者超重情况发生，大大提高了发运效率，同时还具备人机互动、装车信息实时显示等功能。这是目前为止全国第一个实现真正意义上的汽车发运全过程无人化系统。

无人放仓装车技术的应用，预计每仓每年可为企业节省人工成本10万余元，在有效提高发运效率10%左右的同时，还有助于减小人为因素对煤炭的影响。万吨煤仓无人放仓装车系统首先在济矿物流4号煤仓放仓口安装启用。

万吨列车智能卸车机房　全国第一个接卸C96车型

除了“无人值守磅房”，济矿物流还拥有我国第一个接卸C96车型的万吨列车智能卸车机房。

济矿物流董事长、党委书记、总经理林卫国告诉记者：“万吨列车智能卸车机房内有火车卸车机两部,均采用国内最先进的折返式双翻卸车机卸煤,卸车机一次可卸两节火车皮的货物,用时4分钟,整个过程一键操作。万吨重载大列,一部卸车机2.5小时即可卸完,两部同时双翻,每天则可接卸煤炭10万吨以上。两部火车卸车机均配有齿轮齿条传动的重车调车机、空车调车机和销齿传动的迁车台调车系统。为了防止翻车扬尘,卸车机还采用了先进的干雾除尘装置。而且,这里也是全国第一个接卸C96车型的万吨列车智能卸车机房!”

据了解,C96是国内载重量最大的敞开式车型,自2008年制定研制方案到2014年生产样车,一直未找到符合试验条件的物流站点,而济矿物流拥有全国最先进的适用于C60、C70、C70E、C80、C80E、C96等所有线上车型的双翻卸车机卸车系统,是完全可以满足C96车型接卸要求的站点。2018年3月20日,中国中车C96(H)车型国内首次与卸车机性能匹配试验在济矿物流取得成功,为充分掌握列车运行参数、调整设备性能、满足运行需求提供了有力的数据支撑。

2018年7月30日3时58分,伴随着火车汽笛长鸣声,一列自山西省吕梁市兴县站出发、承载着96节C96型车厢的71519次列车,经梁山北站安全驶入济矿物流。这标志着我国首列C96万吨列车正式开行,全面掀开中国铁路货运历史的新篇章,对中国铁路货运发展具有里程碑意义。

建全国最长拨车机轨道线　接全国首列106节重载列车

4月14日凌晨,我国首列106节重载列车抵达济矿物流。此次列车从山西省忻州市冯家川站发出,为中国铁路太原局集团重载试验列。济矿物流常规来车为50节、65节、80节、96节的运煤列车,总运输用时需21小时左右,标重最高达7680吨一列。

而此次驶入济矿物流的重载列车为106节,系全国首列,标重为8480吨,用时18小时,较往常来煤增加了800吨,且节省时间3小时。同时,这也得益于济矿物流建设配备了470米的全国最长的拨车机轨道线,完全满足此次重载列车试验的所有条件。

该拨车机轨道线即济矿物流二号卸车线,通过这台拨车机设备,可以优化卸车流程,取消调车作业,提高卸车效率。简单来说,就是到达车辆可以直接进入卸车机房卸车,无须再进行调车作业,这大大提高了列车的接卸效率,每列比以往要节约40～50分钟。

全国首列106节重载列车的到达成了大新闻。4月份,《中国能源报》《中国矿业报》《中国煤炭报》《现代物流报》《山东国资》等媒体先后对“我国首列106

节重载列车抵达济矿物流”的新闻进行了宣传报道。

全国首台智能火车清车机　提效率　降强度　保安全

目前，国内火车车皮余煤清车设备普遍存在余煤清理不净、清车时间长等缺点，不能满足济矿物流要求的3分钟/节、余煤小于20 kg/节的实际需求。

今年5月，济矿物流与烟台新煜重工有限公司合作开发一型由门架结构、升降架系统、负压系统、电控系统等几部分组成的负压清车机。本型负压清车机实际清扫能力达到3分钟/节、余煤小于5 kg/节，高于设计要求；可实现一键操作，按下“启动”后，能够自动寻址、定位，整个清扫过程全自动运行，安全可靠。

另外，清车机的操控系统与卸车机中控系统实现了连锁，避免一方故障对另一设备造成损坏。现2#卸车线的一台负压清车机已获得国家专利并投入使用，有效地减轻了火车清车人员的劳动强度，消除了清车人员来回攀爬车皮带来的安全隐患。2条卸车线路全部改造完后能够代替清车人员27人，可实现减员增效270万元/年。

7月5日，山东广播电视台齐鲁频道《每日新闻》栏目以《全国首台智能火车清车机在济矿物流“上岗”》为题对济矿物流的智能火车清车机“上岗”一事进行了长达4分11秒的宣传报道。

全国最大跨度钢结构储煤棚　棚顶将安装15兆瓦光伏发电系统

今年4月29日，全国最大跨度的钢结构储煤棚顺利封顶，该煤棚由济矿物流投资1.8亿元、历时一年建成。

该钢结构储煤棚占地203.96亩、总长度为660米、总宽度为206米，储煤棚中心高度为52.8米；储煤场中间支座14米标高以下采用钢筋混凝土支架、14米以上采用钢网壳结构，也就是说以中间设置立柱、两边支承于钢筋混凝土柱上的柱面网壳结构的方式进行搭建；储煤棚涵盖了济矿物流1#、2#两个大型堆场和3台国内目前最先进的自动化悬臂式斗轮堆取料机，每台每小时堆取煤炭2500～3000吨。

据了解，该储煤棚由中南电力设计院设计，是我国迄今为止最大跨度的钢结构储煤棚，煤棚内部将采用智能尘感喷淋降尘系统，能有效抑制煤场内扬尘现象，改善煤场和周边环境。济矿物流储煤场在储煤高峰时段可同时容纳90万吨煤堆放，2019年已实现来煤、发运量1100万吨，销售收入25亿元，所以它在建设之初就被行业内专业人士称为我国最大的、不生产煤的“地上煤矿”。济矿物流也因此获批山东煤炭应急储备基地，国家级煤炭应急储备基地正在申报中。

今年下半年，济矿物流储煤棚棚顶还将安装15兆瓦光伏发电系统，目前，正在与实力雄厚的光伏能源厂家洽谈合作事宜。光伏发电系统将以彩钢板加光伏组件的形式施工，组件与煤棚顶部坡度保持一致，兼具防水、隔热和发电功能，可实现年发电1800万度，采用“自发自用、余电上网”的并网模式。

今后，济矿物流将在煤流系统安装智能巡检机器人、在储煤棚安设智能尘感喷淋装置，以园区无人机巡检代替人工巡检。他们遵循“共建绿色园区，共享发展成果”发展理念，不仅要为打造绿色智慧物流产业生态圈用真功，而且还要为振兴山东经济和煤炭应急储备做贡献。

在创作这篇通讯时，我在素材的取舍上下了很大功夫。因为我收集了三万多字的素材，必须有所取舍，必须在有限的时间内进行取舍，还要确保选取的都是优质素材，能够让编辑一眼相中。后来，这篇通讯大稿经常作为经典案例走进新闻课堂，久而久之竟成了名篇佳作。

第五节　党建宣传很重要，消息通讯齐爆料

党建宣传报道包含党的作风、思想、组织等各方面的报道，是宣传党的政策方针、提升党的建设影响力、展示党的执政水平、营造良好舆论氛围的重要手段和方式。请看《企业家日报》2014 年 1 月 13 日第 4 版刊发的新闻《济矿集团为班子成员及所属企业党政正职“充电”》：

济矿集团为班子成员及所属企业党政正职“充电”

特约记者　王传钧　山东报道

日前，为传承中华文化、拜读儒家经典，山东省济宁矿业集团有限公司拿出专门资金订购了《孔子家语通解》和《论语诠解》两种图书，及时发放给该集团班子成员及所属企业党政正职人手一套，以武装他们的大脑，为做好 2014 年的工作充好电、加好油。

习近平总书记说，研究孔子和儒家思想要坚持历史唯物主义立场，坚持古为今用，去粗取精，去伪存真，因势利导，深化研究，使其在新的时代条件下发挥积极作用。11 月 26 日，中共中央总书记习近平来到济宁市曲阜孔府考察时，看到《孔子家语通解》和《论语诠解》两本书，饶有兴趣地拿起来：“这两本书我要仔细看看。”

据悉，《孔子家语》又名《孔氏家语》，是记录孔子及孔门弟子思想言行的著作。《孔子家语通解》以“通解”为名，有通盘解说全书的意思。该书的“代前言”对《孔子家语》的成书、流传及真伪等问题进行了梳理；每篇正文之前以“序说”通说全篇，帮助读者理解全文，而后按段落分为“原文”“注释”“通解”三部分。

《论语》是儒家的经典著作之一，由孔子的弟子及其再传弟子编撰而成。它以语录体为主、叙事体为辅，记录了孔子及其弟子的言行，集中体现了孔子的政治主张、伦理思想、道德观念及教育原则等。《论语诠解》从仁者爱人、为人知礼、学以致道、仁义之交、孝悌齐家、处世之道、君子境界等七个方面阐述了《论语》的思想精髓及其对现实生活的指导意义。

儒家思想的当代价值共有五个方面，其中对党风廉政建设以及提高个人的修养具有很大的借鉴和指导意义。

习近平总书记在浙江工作时指出：“如果先进的廉政文化不去占领文化阵地、营造社会氛围，腐败文化就会乘虚而入、污染社会、搞坏党风政风。”厚植廉洁文化土壤必须营造“廉”的浓厚氛围。请看《中国矿业报》2016 年 9 月 7 日党建版刊发的新闻《污泥不染为尊　清正廉明为贵　济矿集团多举措营造廉洁从业氛围》：

污泥不染为尊　清正廉明为贵

济矿集团多举措营造廉洁从业氛围

本报讯　今年以来，济矿集团党委认真学习贯彻习近平总书记系列重要讲话精神，坚持从严治党，打造廉洁阳光、务实高效的党员领导干部队伍，营造廉洁阳光、风清气正的政治生态环境，维护廉洁阳光、诚信守法的大国企形象。该集团认真落实党委主体责任、纪委监督责任，狠抓工作落实，党风廉政建设工作取得新进展、新成效。

认真做好廉洁教育工作。深入推进廉洁文化建设，发挥“廉洁教育讲堂”主阵地作用，营造良好廉洁从业氛围。加强党员干部理想信念和宗旨教育，党纪党规、政纪法规和岗位廉洁教育，将党纪国法和廉政教育融入教育培训内容。对集团公司发生的腐败案件进行深刻剖析，以身边事警示教育身边人，增强警示教育的针对性、时效性，提升教育效果。坚持开展“一把手讲廉政党课”活动，增强干部廉洁从业意识。

认真开展廉政谈话活动。执行好企业领导人员定期述职述廉、任前廉政谈话、诫勉谈话等制度，坚持企业领导人员廉洁从业承诺制度，促进企业领导人员廉洁从业，防止腐败行为的发生。该集团于 3 月 14 日召开了领导班子“作风建设教育促进月”专题会议，围绕存在的精神懈怠、不敢担当、服务群众不到位、不守纪律、不讲规矩等问题进行查摆，明确整改措施。

认真履行党风廉政建设党委主体责任和纪委监督责任。开展党建和纪检监察工作对标交流学习活动。6 月下旬，集团公司纪委、政治部组织所属 17 家企业的纪委书记、政工科长分别赴各个企业检查党建工作、纪检工作，同时进行对标学习。通过这次对标交流活动，各企业都认识到了工作中的差距，增强了压力感和紧迫感，取得了良好的效果。

认真抓好源头预防，强化权力运行的制约和监督。深入贯彻落实党中央

《建立健全惩治和预防腐败体系2013—2017年工作规划》和市委下发的实施办法，编印了《集团公司岗位廉政风险防控机制建设运行规程》。6月22日，该集团邀请山东省检察院职务犯罪预防处处长田中庆做廉政教育专题讲座，一些鲜活的案例引人深思、发人深省，让与会者深受感触和教育。不仅如此，集团机关和所属各企业还先后多次组织党员领导干部、副科级以上管理人员和“三管”人员到市检察院廉政文化教育基地、鲁西监狱、焦裕禄纪念馆等地接受廉政教育。**(王传钧)**

廉洁从业工作是一项系统工程，需要不断结合工作和自身业务特点去探索、创新和实践。作为基层党组织，要发挥好承上启下的作用，一方面要将党中央指示、精神落实到位，另一方面要为中心工作保驾护航、在廉洁从业中起到“堡垒”作用。请看《中国建材报》2021年7月8日第4版刊发的新闻《梁山港党委获“山东省先进基层党组织”荣誉称号》：

梁山港党委获“山东省先进基层党组织”荣誉称号

本报讯　6月29日，山东省优秀共产党员、优秀党务工作者和先进基层党组织表彰大会在济南召开。会议宣读了《中共山东省委关于表彰山东省优秀共产党员、优秀党务工作者和先进基层党组织的决定》，授予350名共产党员“山东省优秀共产党员”称号，授予450个基层党组织“山东省先进基层党组织”称号。山东省先进基层党组织共450个，其中济宁30个，济宁港航梁山港有限公司(简称“梁山港”)党委名列其中。

近年来，梁山港党委在济宁能源发展集团党委的坚强领导下，以习近平新时代中国特色社会主义思想为指导，紧紧围绕新时代党的建设总要求和新时代党的组织路线，坚持将党的建设工作与生产经营工作深度融合，统筹推进各项工作任务。2020年，煤炭到发量突破1200万吨，实现销售收入27亿元；今年上半年煤炭到发量720万吨，实现销售收入23.43亿元，不仅为济宁市区域经济发展贡献了力量，也为促进国家“西煤东输”和“北煤南运”工作做出了卓越贡献。

梁山港党委始终坚持融入中心抓党建、抓好党建促发展。在邓楼节制闸改建获得水利部批复后，针对梳理出的制约拆闸通航的60多项关键性问题和困难，公司党委积极组织、发动，号召各级党组织和广大党员带头坚定信心，勇挑重担，制定了专项督办表，调动全公司党员干部、职工的力量，合力攻坚。梁山港于4月9日正式通航，是江北最大的内河港口。今年4月，梁山港被市委、市政府授予勇于创新先进集体。**(王传钧)**

如何用通讯来对党建工作进行更为有力的宣传呢?请看《企业家日报》2018年12月24日第4版刊发的通讯《变化看得见　工作实打实——济宁能源发展集团党建工作小记》:

变化看得见　工作实打实

——济宁能源发展集团党建工作小记

特约记者　王传钧　济宁报道

"坚持党的领导、加强党的建设,是我国国有企业的光荣传统,是国有企业的'根'和'魂',是我国国有企业的独特优势。"如何把习近平总书记对国有企业党建工作要求真正落实到具体工作中,山东省济宁能源发展集团所属各企业一直在积极探索、大胆尝试,围绕企业党的建设开展了卓有成效的工作。

将党员责任"亮"出来

义桥煤矿为140多个"党员责任区"进行挂牌命名,真正让党旗在一线飘起来、让党员身份在一线亮起来、让党员作用在一线展现出来,切实助力安全生产。标示牌上标注了党徽、党员责任区、党员姓名、设备责任区域名称等信息。同时,制定了党员责任考核细则,每名党员签订了目标承诺书,明确具体岗位,责任到人,让党员身上有指标、肩上有责任,充分发挥先锋模范作用,奉献在岗位,成为职工群众的楷模和表率。每名党员都公开挂牌上岗,接受职工群众监督。通过创建"党员责任区",充分调动了全矿广大党员干部的工作积极性和主动性,把党员的先锋模范作用体现在安全生产、经营管理的全过程,切实做到"一名党员就是一面旗帜",实现党建工作与安全生产的有机融合。

打造"指尖廉洁课堂"

花园煤矿积极探索反腐倡廉教育新模式,建立"花园煤矿廉政讲堂"微信群,该矿全体党员干部及人、财、物"三管"岗位人员均加入了此微信群。今年10月6日起,该群开始适时推送中央反腐倡廉方针政策、党纪法规、正反面典型案例、廉洁文化作品、家庭助廉先进事迹等,宣贯廉洁理念、廉洁制度,弘扬中华民族优秀传统文化,通过"指尖上的廉政平台",实现廉洁实时"微提醒",使党员干部在潜移默化中接受廉洁教育。微信群建立后,广大党员干部积极入群,并在微信群中踊跃"发声",有的发表工作学习心得,有的转发反腐倡廉方面的知识和作品，有的点赞，有的表示“积极响应，身体力行”，微信群已然成为政策学习、工作交流和互动分享的重要平台。

《党支部工作手册》引路

金桥煤矿编制印发了《党支部工作手册》，引导各支部强化过硬党支部建设，以党建领航，促各项工作全面发展。该手册以国资委过硬党支部建设手册为基础，增加了该矿党总支关于党的组织建设、党费收缴、党务公开、建设学习型企业等相关工作文件，进一步充实了过硬支部建设的具体工作。该手册综合考虑到煤矿工作特点、党员职工情况、生产经营实际等因素，并从实际出发，设计了一系列支部工作台账，规范了工作流程，让各项具体工作开展有依据、有抓手，有助于推动该矿党建工作与生产经营工作的深度融合。该矿以《党支部工作手册》为指引，进一步强化支部“三基工程”建设，充分发挥党建带动作用，做到两手抓、两促进，进一步把党建工作成效转化为企业发展活力和竞争实力，实现党的工作与煤矿发展同频共振、互相促进。

积极推行“五真模式”

该集团非煤企业落陵盛源公司以提升党建工作科学化、系统化为目标，在强化过硬支部建设、争做合格党员的实践中，全面推行党建工作“五真模式”。在真学善思强素质方面，公司党委以“三会一课”为基本制度、以党支部为基本单位，建立“主题党日活动”“干部上讲台”“微信党课”三个学习平台，不断提升广大党员干部职工的理论素养和业务能力。在真抓实干当标杆方面，公司创建一批党员责任区、党员示范岗，引导广大党员立足岗位做贡献，并开展优秀党员评比、授予优秀党员称号等活动。在真知灼见献计策方面，公司大力开展“从七个方面降成本”“向八个方面要安全”“向十个方面要效益”活动，各支部引导所在科室、车间建立创新工作室或QC小组，充分发挥党员中的技术人员作用。

公司积极开展合理化建议征集活动，每季度开展一次合理化建议征集工作。在真心实意做服务方面，公司领导干部深入基层一线开展调研，了解职工所思所想，帮助职工解决生产生活中的困难。针对员工竞争压力大、精神压力大等问题，开展心理咨询、结对帮扶工作，做好人文关怀。在真独简贵倡廉洁方面，公司党委与权属各企业签订《党风廉政建设和反腐败工作责任书》，各企业结合实际制定年度党风廉政建设和反腐败工作要点，层层签订责任书，逐级传导压力、强化责任，促进“两个责任”落实。

另外,围绕党建工作中出现的问题,该集团查找问题表象,分析深层次原因,制定措施,向问题发力。同时,各基层支部成立共产党员服务队,打造好服务型党支部,积极开展为退休老党员上门服务工作。党员带头,每年组织开展一次爱心献血活动,将爱心传递到社会的每一个角落。

2016年2月,习近平总书记在人民日报社调研时指出:“全党全国人民都从人民日报里寻找精神力量和‘定盘星’。”这是对党报重要性的肯定,也是对党建宣传工作重要性的肯定。

第五个锦囊：

如何与媒体打交道？怎样在媒体多发稿？

第一节　写稿要看报，提前摸门道

媒体宣传是提升企事业单位知名度、影响力的重要手段之一。因此，多看看报纸、杂志，多浏览网站、视频，提前摸清里面的门道，继而与媒体人搞好关系并保持良好的沟通，非常必要。

一、从会读报、读好报开始

写稿是为了发稿，发稿才能宣传，搞活宣传得从会读报、读好报开始。

通讯员读报时应突出目的性，注重总结规律、发现个案、比对变化，因为每种报纸的风格、要求都各有不同。

第一，要仔细研读报纸，总结出报纸的基本规律，比如每周出几期、每期有几版、每版叫什么名字、常设的栏目有哪些等。只有掌握了报纸的规律，投稿才能更有针对性，也易于发表。例如，《中国应急管理报》发简讯的规律是：第二版、第三版一般发一组简讯，从上到下，每篇各有两三百字。同时，每一期的各篇简讯肯定不是同一省的，与本版其他稿件就算是同省也不会是同一地市。

第二，要掌握报纸的出版周期。如果报纸是周二、周四、周六发行，那就分别对应周一、周三、周五付印，周日和周二、周四组稿。也就是说，周二见报的稿子，一般周日就开始组稿、编辑。所以，我们要计算好周期，把握好写稿、传稿的时间。

另外，据我总结，会议、检查、论文、散文、故事、诗歌等方面的稿件较容易刊发。

二、做媒体的得力助手

通过研读报纸，我们可以发现报纸的短板，将短板作为我们写稿的方向，既可以提高发稿的成功率，也可以为报纸增光添彩、帮助编辑提升业绩。例如，2013年两会期间，我通过研读《中国科学报》，发现该报没有政府工作报告中提出的节能减排和绿色矿山建设方面的稿件，于是，我以最快速度撰稿并及时投给该报，稿件刊发后，负责此篇稿件的见习记者成功晋升到正式记者、编辑的行列。请看《中国科学报》2013年3月27日第8版头条刊发的新闻《阳城煤电的绿色矿山之路》：

阳城煤电的绿色矿山之路

本报见习记者　李惠钰　通讯员　王传钧

随着全国两会的召开，节能减排又一次成为全社会关注的焦点。

今年的政府工作报告已明确提出，要大力推进能源资源节约和循环利用，重点抓好工业、交通、建筑、公共机构等领域节能，控制能源消费总量，降低能耗、物耗和二氧化碳排放强度。

分析人士认为，工业依然是节能的重点领域，"降耗减排"三位一体措施的首次提出也是对高消耗增长的重拳打击，而"控制能源消费总量"更是需要企业的参与才能实现。

作为国家级绿色矿山试点单位，山东济宁能源发展集团阳城煤电公司（下称阳城煤电）走出了一条独具特色的节能减排之路，给国内煤电企业的绿色发展带来了一定的启示。

煤电循环一体化

走进阳城煤电，亭台楼榭、小桥流水、游鱼满池，"花园式矿区"的美誉可谓名副其实。近几年，职工们明显感受到，矿区的环境变美了，空气也变得更加清新。

在阳城煤电副总经理、阳城煤矿矿长高立群看来，阳城煤电的变化正是因为企业始终将"绿色"的概念贯穿于矿区开发的全过程。

早在2004年春天，阳城煤电就拉开了煤电联合发展的序幕。在这里，煤矿和电厂同处一个园区，双方的产品、副产品互为原料，相互消化。这种产品结构模式，不仅有效降低了物耗，也实现了资源节约和循环利用。

据高立群对《中国科学报》记者介绍，阳城电厂主要以阳城煤矿生产的煤矸石、中煤、煤泥等劣质燃料作为再生资源来发电。

2012年，阳城电厂两台发电机组共消耗煤矸石85万吨、洗中煤及煤泥29万吨，节约标准煤25万吨。

而煤矿产生的矿井水经过处理，也可用于电厂的水循环。高立群表示，电厂两台机组每年可消耗132万吨污水、83万吨矿井水。仅节约用水这一项，每年就可减少费用支出约139万元。

另外，电厂余热也较好地满足了园区生产生活的动力和供热，彻底解放了原有两台8吨锅炉，不仅节约了22个人力，每年还可节约煤炭6500吨、资金700万元以上。

不仅如此，高立群还表示，阳城煤电在建设过程中还非常注重布局的优化配置。进厂道路、设备组装场地、储煤厂、污水处理站、职工食堂、宿舍等基础设施，以及厂区治安保卫、通勤班车均依托阳城煤矿共管共用，有效降低了物耗，减少投资2亿多元。

洁净开采是根本

对于传统煤炭工业，资源的开采往往避难就易，避小采大，只回采赋存条件好的资源而忽视条件差、困难大的资源，造成对资源的极大浪费。而阳城煤矿却做到了“既要促进经济发展，又要保障青山绿水”。

“我们坚持开发资源而不破坏资源，利用资源而不浪费资源，采取多种方式，最大限度提高资源回收率，实现有限资源无限利用，推进企业可持续发展。”高立群表示，开发洁净煤工艺，推广清洁生产技术是阳城煤矿的重中之重。

在阳城煤矿，采用无毒、无害或者低毒、低害的原料，替代毒性大、危害严重的原料；采用资源利用率高、污染物产生量少的工艺和设备，替代资源利用率低、污染物产生量多的工艺和设备。

据高立群介绍，阳城煤矿采用能够达到国家或者地方规定的污染物排放标准和污染物总量控制指标的污染防治技术，对生产过程中产生的废物、废水和余热等进行综合利用或者循环使用。

另外，阳城煤矿还大力发展节水的洗选技术，包括高效闭路循环设备和药剂等，降低能耗和水耗，减少能源生产过程中的排污。

与此同时，阳城煤矿也推进条带式开采、充填等开采工艺，降低或减缓采煤造成的地表破坏，对已塌陷土地实施矿区生态重建工程，利用矸石对大面积的塌陷区进行充填，并在上面复土，进行绿化或恢复农业生产。

在高立群看来，煤矿粉尘不仅是影响矿井安全的重大隐患，也是矿工健康的隐形杀手。为此，阳城煤矿积极推广应用综合防尘技术，提高综合防尘自动化、智能化水平，并严把采掘头面、爆破、井下巷道、运输环节和地面环境降尘等五道关口。

“我们大力推广应用了转载点封闭除尘、遥控和随机自动喷雾装置等自主创新成果，实现了采掘工作面消尘装备的现代化。”高立群说。

一系列卓有成效的清洁生产措施，不仅使阳城煤电取得了一定的经济效益、社会效益和环境效益，而且把企业对南水北调东线工程的影响降到了最低。

着力发展低碳经济

在阳城煤电，“节能减排”的低碳行动也体现在建设工程的方方面面，原料就近运输就是其中一项。

高立群表示，煤矸石、中煤、煤泥通过皮带传输、管道循环等输送系统直供电厂，既环保又减排。不仅每年节省运输成本约3000万元，而且有效控制了运输产生的煤尘污染，彻底减少汽运过程中尾气二氧化碳的排放量。

更加值得一提的是，阳城煤电将煤电、化工、建材在一定空间合理集聚，形成了“伴生废料——产品——再生资源”为特征的循环经济发展模式。

“电厂粉煤灰等副产品，采用密闭式气力除灰系统将其送至储灰库，然后通过汽运散装罐车送至水泥厂用来制造新型建材，形成废弃物和原材料之间以技术关联为基础的产业链。”高立群说。

据介绍，阳城电厂主要采用先进且成熟的高效环保循环流化床锅炉等技术，充分利用煤矿低热值燃料，使废物充分利用，变废为宝。另外，电厂装备的两台480吨/小时超高压高温中间再热循环流化床锅炉，也均配套建设了脱硫工程。

在高立群看来，综观当今世界经济发展的现状和趋势，低碳将是煤电企业发展战略的重点。要通过核心低碳技术的研发与应用，实现经济发展模式的调整和产业结构的转型。

为此，高立群表示，阳城煤电二期工程还将兴建新型建材、特型钢等项目，使阳城煤电工业园区真正形成煤—电—建材产业链条集聚效应。

最后提醒一点：报纸因其发行周期比较短、对稿件的需求相对多一些，所以发稿概率更大一些。

第二节　要想上新闻,让题更有神

所有的通讯员在投稿时都希望自己的作品能够发表。要想提高稿件发表的成功率,首先应让标题能够吸引住编辑。

一、邮件标题要"倍儿有精神"

媒体编辑在用稿前通常先浏览电子邮箱里的"邮件标题",从"邮件标题"中挑出自己比较满意的,然后才打开邮件看稿件。所以,我们的"邮件标题"应能够快速吸引编辑的眼球。

"邮件标题"由两部分组成:一是××版××栏目,二是稿件标题。××版××栏目是固定形式,关键是稿件标题。那么,如何使新闻稿件标题更能吸引编辑、更有精神呢?

我认为,新闻稿件标题应满足六个方面的要求:题文一致、突出精华、态度鲜明、简洁明快、可读易懂、生动活泼。简单地说,就是简练、生动。我们在制作标题时,要善于概括,标题的行数、字数不宜过多。

我们以山东省总工会"五一"前夕召开劳模、先进座谈会为例列举三个标题:

山东省总工会庆"五一"召开劳模、先进人物代表座谈会

学劳模精神　展职工风采——山东省总工会"五一"前夕召开劳模、先进工作者座谈会

山东省总工会请劳模坐"上席"

这三个标题,哪个标题更吸引人?哪个标题更能引发你的阅读欲望?显然,第三个标题更简练、生动且具有吸引力。

二、"新、快、深、安"诠释好

新闻报道中的"新"，强调的是新近发生的事实。"新近"这两个字说明了新闻的新鲜性，我们一定要抓住写稿、投稿的时机，保证时间新、内容新、创意新。请看《中国环境报》2021年3月23日第7版刊发的新闻《梁山港配备船舶垃圾接收柜　自动识别船名　实时垃圾称重》：

梁山港配备船舶垃圾接收柜

自动识别船名　实时垃圾称重

本报讯　在位于山东省济宁市的济宁港航梁山港有限公司(以下简称"梁山港")梁山港码头作业区东岸，"船舶污染物智能接收柜"已在航道通航前配置到位。

据了解，"船舶污染物智能接收柜"由济宁市港航事业发展中心监制，主要目的是为了提升船舶污染防治能力，方便船舶垃圾的源头接收。船舶污染物智能接收系统与船舶污染物电子联单平台相连，可自动识别船名、实时垃圾称重，生成电子接收证明，港口码头可对每个垃圾柜收集的船舶垃圾数据自动汇总。

梁山港通航后，船方在下载安装"船舶污染物联单信息化平台"App后，对着柜上二维码扫一扫，填好相关信息后，垃圾柜自动打开，几分钟即可实现船舶垃圾的快速回收。

据介绍，"船舶污染物智能接收柜"共分为"可回收物""厨余垃圾""其他垃圾"和"有害垃圾"四个大区，每个区上都有相应的垃圾图案标志。

据悉，船舶在运营过程中会产生垃圾、生活污水、含油污水、化学品洗舱水等污染物，具有数量大、流动性强、涉及范围广等特点，通过智能接收柜能够切实增强船舶污染物"应收尽收"的公共服务能力。**(王传钧)**

快，是指新闻报道的时效性，是新闻价值的主要标准之一，是"新"的保障。快报"一字千金"。我们要抢时间、争效率、快传递。请看《中国能源报》2021年2月1日第16版刊发的新闻《济矿物流更名为济宁港航梁山港》：

济矿物流更名为济宁港航梁山港

本报讯　日前，济宁市梁山县行政审批服务局对外称，济宁能源发展集团旗下的济宁矿业集团物流有限公司(简称"济矿物流")已正式更名为济宁港航梁山港有限公司(简称"梁山港")。梁山港隶属于济宁港航发展集团，注册资本金 8 亿元。

据了解,济宁港航梁山港位于梁山县城北的梁济运河右岸,上乘瓦日铁路,下依京杭运河,是山东煤炭保障供应的主力军,也是连接西部煤源产地和长江三角经济区的重要港口物流枢纽,港口水路将于 2021 年 4 月份正式通航。2020 年,梁山港火车来煤 1040 列(其中,万吨大列 400 列),共计来煤 602 万吨,全年煤炭到发量突破 1200 万吨。**(王传钧)**

再请看《中国煤炭报》2021 年 8 月 4 日市场版刊发的新闻《济宁梁山港前 7 个月发运煤炭 409 万吨》:

济宁梁山港前 7 个月发运煤炭 409 万吨

日前,从山东济宁港航梁山港有限公司(以下简称梁山港)获悉,1 月至 7 月,梁山港火车来煤共计 400.88 万吨,比去年同期增加 84.7 万吨,同比增长 26.79%;汽运、船运发煤 409.44 万吨,比去年同期增加 98.44 万吨,同比增长 31.65%。

据了解,梁山港位于梁济运河右岸,距瓦日铁路直线距离仅 1.8 公里,距离黄河直线距离 10 公里,港区处于瓦日铁路与京杭大运河的黄金交叉点。

今年 1 月至 7 月,梁山港根据市场变化及时调整煤炭库存,有效降低经营风险,稳步提高经济效益。**(王传钧)**

深,是指深入挖掘新闻价值。我们不能只报道事物的表面,更要通过新闻反映出事物的本质。请看《山东国资》杂志 2021 年 9 月“一线传真”栏目刊发的新闻《济宁 16 处港口环保服务驿站正式“上岗”》:

济宁 16 处港口环保服务驿站正式“上岗”

日前,从济宁市港航事业发展中心获悉,截至 8 月 30 日,济宁市建设的 16 处港口环保服务驿站全部“上岗”,港口环保服务驿站在给船员提供多功能、人性化的“一站式”服务的同时,也进一步提升了航运污染治理的水平。

“港口船舶生活垃圾分类工作做得怎么样,不仅关系着航道环境,也体现出企业的管理水平。”梁山港党委书记、董事长、总经理陈哲在接受采访时说,“环保服务驿站接转处专员在船舶到港后,协助船员使用‘济宁 e 交付’扫码投放或扫码接转,确保生活垃圾精准投放,生活污水计量接收,做到了船舶靠港和垃圾上岸同步。”

据了解，港口环保服务驿站的建设，一方面实现了港口船舶污染物接收设施的提档升级，另一方面为船员提供了便捷优质的服务。同时，驿站还为船员提供淡水补给、手机充电、快递收发等20余项服务。梁山港今后将以“立足自身实际、贴近船员需求、丰富服务内容、突出绿色环保”为目标，进一步做好“接收”和“服务”两篇文章。**（王传钧）**

安，是指安全。我们常说安全第一，安全是生命永恒的旗帜，安全生产警钟长鸣。作为新闻宣传工作者，我们应积极宣传安全生产方面的知识，多报道安全生产方面的正面新闻，弘扬正能量。请看《华矿安全报》2017年3月28日第1版头条刊发的通讯《安全生产永远在路上——山东济矿集团强化措施筑牢安全防线》：

安全生产永远在路上

——山东济矿集团强化措施筑牢安全防线

王传钧

济宁矿业集团在做好经营管理工作的同时，坚持“安全第一、预防为主、综合治理”的方针，把安全生产工作当作重中之重的大事来抓，围绕以人为本，突出动态管控，注重实际效果。济矿集团总经理张广宇在专题会议上强调：“在安全上要坚决克服三种心态：侥幸、麻痹、漠视。对安全薄弱环节要做到三个永不过分：再三检查永不过分，再三核对永不过分，再三确认永不过分。”

强化人员培训

加强对区队长、班组长的脱产培训，各权属企业全面组织开展全员培训、业务技能比武、“师带徒”活动。在做好特种工种岗位培训的基础上，对煤矿企业全部128个工种进行安全操作及应知应会的全员培训。在员工培训上，采用理论培训与实际操作培训相结合的方式进行，针对日常应知应会内容，开展每日一题专项培训，每月坚持进行现场培训和技术考核，并把考核结果与工资挂钩；针对个别员工在专业操作技能上的不足，利用老师傅和“技能比武状元”的优势资源，组织开展“师带徒”活动，在生产岗位“手把手”地给员工传授技艺；同时与科技院校和设备生产厂家结对子，采用走出去和请进来的培训方式，进一步拓宽职工视野，提升员工的知识功底和专业功力。通过一系列的技能培训，员工的业务技术水平得到了提高，解决和处理问题的能力得到了提升，同时纠正了过去对操作规程不熟悉，不认真执行或错误执行的操作方法，也杜绝了习惯性违章行为。

强化安全技改

在建立先进预警机制方面，与国内多家科研院校联合攻关，强化应用研究，开发安全管理监察平台。建立了矿井瓦斯监控系统，完善了通风、监测、抽放、防灾、通信等六大系统；进一步完善了水文预报及水情预报通信系统，对井下各个易发火地点的气体实施全方位、全天候预测监控，配备了新型MEA封堵型防火剂。集团制定了相关应急预案，在接到有关自然灾害预报时，及时发出预警通知，同时加强预案演练，保证相关人员达到熟知熟练要求。在安全技术创新方面，集团井下无线通信和人员定位系统安装到位，其权属煤矿企业也全部安装了安全监控系统、束管监测系统、顶板离层观测仪、自动化考勤系统，加强了瓦斯管理，做到了瓦斯、通风、设备关停远程控制。煤矿生产保障系统实现智能监控、无人值守。主副井提升系统、压风机房、矿灯房均实现全自动运行及无人值守，动筛车间实现“机械选矸”代替“人工手选矸”，主通风机实现“一键倒风机”“自动倒风机”，翻矸机房实现“一键自动翻车”，洗煤厂全部实现集中远程控制，井上下各重要机台实现远控或无人值守，通过矿井机械化、自动化、信息化的完善进一步降低了各类事故风险。

强化安全创新

济矿集团不断加大安全生产创新力度。各权属企业在安全工作创新方面展现了很多亮点。义桥煤矿开展了安监员“每班提问”，每旬安全检查提问，积极开展“岗前三分钟静思”活动；霄云煤矿突出危险源辨识与控制能力提升，制作了《各工种岗位操作流程标准及风险辨识与控制学习手册》和风险辨识预控告知牌板；运河煤矿树立“带着感情抓安全”的理念，创新开展八级独立座谈活动；安居煤矿加大安全质量标准化“精品工程”奖惩力度，坚持开展安全事故案例分析，定期下发安全警示简报；朱家峁煤矿持续加大安全考核、动态管理、安全培训等工作力度，实现了安全生产、矿井验收、洗煤厂建设等三大重点工作的齐头并进；海纳科技强化风险源辨识和隐患排查；民生热能深入开展触电急救、防汛、化学药品泄漏、煤气泄漏等应急演练；落陵盛源完成了高低压供电线路和老旧社区改造，消除供电安全隐患。

强化责任落实

完善各级安全生产责任制，建立健全了纵向到底，横向到边，事事有人管，人人有专责的安全责任体系。严格落实安全生产“一票否决”，将安全生产绩效与职务晋升、奖励惩处严格挂钩，严管理，严考核，坚持问责与整改并重，做到过程考核与结果考核相结合。明确提出了严格落实带班下井制度的具体要求，对各企业领导下井及反“三违”情况进行统计。经常夜间入井，不定期调阅管理人员下井考勤数据，集团公司24小时调度管控，权属煤矿企业带班下井正常率达到了100%。严格安全生产业务考核，加大奖惩力度，严格落实领导干部24小时值班、带班下井、跟班盯岗、安全包保等制度规定。健全区队长、班组长、安监员“三位一体”的安全预防管理机制，努力把事故隐患消灭在萌芽状态。3月9日，根据国家安全生产监督管理总局、国家煤矿安监局《关于开展煤矿全面安全“体检”专项工作的通知》，济矿集团围绕查大系统、治大灾害、防大事故，坚持查隐患与治隐患、发现问题与完善管理机制相结合，着手开展煤矿企业全面安全“体检”工作，正集中开展从今年3月起至12月底的查思想、查作风、查纪律、查现场的“四查”活动。

煤矿生产面临着水、火、瓦斯、顶板、煤尘、冲击地压六大自然灾害的威胁。由于煤矿生产的动态运行特点，安全工作时时刻刻都是高悬在煤矿人头顶的达摩克利斯之剑。在集团公司机关每周一例会和每天的调度会议上，集团高层领导开会必谈安全，谈必首谈安全。安全已经成为时刻警醒的话题。“反思、责任、细节、执行、考核、落实”这些字眼反复被强调。因为安全工作，没有休止符；因为安全生产，永远在路上。

第三节　沟通要到位,发稿才不累

沟通是人与人之间交流观点、分享信息、传递意图和建立关系的重要工具。沟通是理解和协作的基础,有助于建立良好的人际关系、解决分歧和难题。在与媒体打交道时,与编辑、记者及时沟通非常关键,是能否顺利发稿的影响因素之一。

一、沟通失当麻烦多

经过多年的总结、分析,我认为常见的沟通失当主要包括三个方面的内容。

(一) 单方要求

有些通讯员头一次和编辑老师打电话时,没聊两分钟,就说:“你一定要让我完成发稿任务!”“这稿子就给发了吧!”“那我以后投稿就找你了!”这些话显然有些强人所难,哪位编辑都不可能随口答应。用心写稿、努力提高成稿质量,才是我们的核心任务。

(二) 手段缺失

手段缺失包括投稿时没有留下自己的电话、邮箱等联系方式,不参加媒体组织的培训活动,不主动与编辑、记者沟通和互动等。

(三) 许诺利益

有的通讯员向编辑许诺,只要能发稿就给编辑各种好处;有的通讯员送给编辑各种礼物,甚至有的通讯员将发稿获得的奖金送给编辑……这些做法是不正确、不正当的,破坏了投稿规则,违反了行业准则,违背了职业道德,甚至触犯了法律。

二、沟通到位,发头版也不是难事

通讯员要与编辑、记者及时沟通、多次沟通、有效沟通,准确、恰当地表达自己的意图,让对方充分了解我们的意图。

例如,2021 年 4 月,是梁山港开始通航运营的月份。在 2022 年 2 月末,我就开始联系报社编辑,与其沟通 4 月份梁山港开通运营一周年时的发稿事宜,并表明想发通讯大稿、最好能发在第一版上。同时,我向编辑说明稿件可以发在第一版的四个理由,编辑表示认可,和我一起策划稿件,多次指导我写稿件、改稿件,并与其所在单位领导多次沟通、汇报,最终促成了这件事。请看《企业家日报》2022年4月11日第1版头条刊发的新闻《梁山港:瓦日铁路与京杭运河上的“黄金坐标”》:

梁山港:瓦日铁路与京杭运河上的“黄金坐标”

——写在梁山港通航运营一周年之际

王传钧

走进梁山港,只见煤流滚滚、波光粼粼、郁郁葱葱,这边车流如梭,那边机器轰鸣,港口码头上一艘艘货船款款而来,又沿着大运河满载而去……梁山港自2021年4月9日通航以来,一年间,到发量和销售额快速增长,仅火车来煤就有1 378列、709万吨,发运煤炭724万吨,比未通航前(一年)多发运煤炭90万吨;单日最高来煤量4.77万吨,单日最高发运量5.11万吨;单月最高来煤量90.5万吨,单月最高发运量94.09万吨,销售收入突破63亿元,梁山港一跃成为山东省知名度迅速飙升的内河港口,并被业界誉为不产煤的“地上煤矿”;成了京杭大运河上“西煤东输、北煤南运、南货北调、集装箱运输”的大型航运物资集散地,实力铸就了瓦日铁路、京杭运河上的“黄金坐标”。

将内河航运优势发挥到极致

梁山港,公司全称为“济宁港航梁山港有限公司”,其前身是“济宁矿业集团物流有限公司”,2021年1月22日正式更名为济宁港航梁山港有限公司(简称“梁山港”),是山东省煤炭应急储备基地。

“梁山港就坐落于梁山北的梁济运河右岸,依托连接我国东西部的重载煤运铁路通道‘瓦日铁路’与京杭大运河交汇于梁山县境内的特殊位置而建,上乘瓦日铁路,下依京杭运河,占据了西煤东运咽喉要地,吸纳晋陕蒙优质煤炭资源,沿运河下联华东、华中,进得来、出得去,不仅是山东煤炭保障供应的主力军,也能沿运河入长江,辐射苏浙沪,成为连接西部煤源产地和长三角经济区的重要港口物流枢纽。”梁山港党委书记、董事长陈哲告诉笔者,“凭借京杭大运河的内河航运优势,梁山港的煤炭、钢材、水泥、铁矿石、农用物资等大宗货物,远可通江达海对接‘一带一路’,近可助推山东地方经济发展。”

“我驾驶的这艘LNG新能源船舶动力足,续航也不错。现在大家都特别重视环境保护,水环境好了,我们跑船也更舒适。”这艘标注“绿动”的新能源货船船主李岳根说,他经常往返济宁周边城市跑船运煤,梁山港通航后,无论是船主还是货主都受益良多。“水运拉煤相对铁路、公路运输便宜,港口的建成让运输成本大幅降低,使得煤炭在价格上更加具有竞争优势。”李岳根说。

济宁能源发展集团党委书记、董事长张广宇前不久在接受媒体记者采访时表示,市委市政府把发展港航物流产业提升到今后五年实施的“九大战略”之一的重要位置,国企责任重大,使命光荣。今年,我们将确保港口吞吐量2 200万吨,年内整合船舶运量载重吨1500万吨以上,集装箱运输今年突破3万标箱,确保营收突破400亿元,利税40亿元。另外,济宁能源今年将筹划组建济宁大宗货物交易中心,形成大宗货物交易的“济宁价格指数”,打造我国北方最大的内河航运中心。

与客户共享区位成本优势

“瓦日重载铁路在梁山北与京杭大运河交汇,‘大运河十大通道’的特殊区位优势,成就了今日的‘梁山港’。”梁山港党委书记、董事长陈哲说,“目前,我国西煤东输主要有朔黄线、大秦和瓦日线三条铁路运输线,北煤南运主要依靠京沪、京九、京广等国家主要干线,其中京九、京广是客货混用线,运力有限且运输成本高。在铁路、水路和公路三种煤炭运输方式中,水运具备运量大、成本低的优势。梁山港位于梁济运河右岸,距瓦日铁路直线距离仅1.8公里,距离黄河直线距离10公里,港区处于瓦日铁路与京杭运河的黄金交叉点。”

从运输成本上来看,梁山港优势更加明显。陈哲表示,晋陕蒙西部煤炭主要通过瓦日铁路、港口码头、京杭运河转运至济宁当地电焦企业以及苏浙沪一带的电钢企业,货物由梁山港下水,大大减少了运输成本。过去晋陕蒙地区每年7600万吨的煤炭都是通过瓦日铁路运到日照,然后通过海轮运输到南方地区,每吨运输成本240元。现在通过瓦日铁路运输到梁山港,然后通过京杭运河运到南方,成本降到了每吨180元。

梁山港通航一年来,铁水联运优势得以充分发挥。不同于其他运输方式,铁路运输与水运都有运能大、耗能小的优势与特点,梁山港实现了铁运与水运的强强联手,大大缓解了北煤南调的巨大压力,提高了运输效率,不仅让北煤南运变得更加方便快捷,而且每年还可为客户节省运输成本8亿元到10亿元,省出来的都是利润。

今年春节后，梁山港党委书记、董事长陈哲亲自率领营销团队先是对接太阳纸业、华勤橡胶、东宏管业等济宁本土知名企业，“一企一策”提供物流运输方案；后又专程对接中船贸易、山东港口集团、江苏港口集团、湖北港口集团、陕煤运销集团、山西锦兴煤气化等先进企业集团，上联“晋陕蒙”，下联“江浙沪”，稳定双向货源市场，不断壮大梁山港上下游“朋友圈”，打造“钟摆式”货物运输模式，大大降低物流综合运输成本，让客户早日享受到实惠和便利。

打造“港产城”融合发展示范区

梁山港将优化运营模式、增加“贸易＋站台”新型模式。以贸易为引领，坚持做贸易港理念不动摇。他们成立销售专班，解决经营中的难点和卡点。为了通过“抓经营、强管理、增效益”工作的开展，建立更加规范化的经营体系，实现梁山港经营工作迈上新台阶，使其贸易经营流程化、内部管理标准化，达到每月至少90万吨任务目标，成立了以梁山港党委书记、董事长陈哲为组长，分管经营、生产、货场的三位副总为副组长，下设“政策争取专业组、业务增量专业组、管理协调提升组、客户开发专业组”四个小组，统筹推进梁山港贸易工作的开展。定期召开周例会和月度总结会议，设立奖金池与揭榜挂帅正向激励制度，对超额完成的部门进行奖励，大大提高业务人员工作积极性。

精准客户拜访，加快资源开展，多煤种发力。市场是跑出来的，不是等出来的，梁山港分级定位客户，将客户分为“战略客户、大客户、重点客户及一般客户”，同步做好一企一策、量价优惠政策，制定分级客户的管理维护办法，明确哪些是需要争取的客户，哪些是稳定的客户，精准对接；同时为了进一步开发上下游客户，梁山港董事长亲自带队奔赴山西、陕西、江苏、北京等地，高层对接促进业务落地。

为建立互信共赢的合作关系，他们每月制定客户拜访计划，进行逐户精准拜访，促进了双方进一步合作，同时明确客户结构，实现层级管理，在客户拜访期间，每天召开总结会议拉出问题清单，由专人负责落实。通过客户拜访，拉近了双方的距离，赢得了上下游客户的尊重和好评。

2022年，争取建成运河沿线第一个百亿物流园区的贸易金融科技港。确保实现年度接卸煤炭1200万吨，发运煤炭1200万吨，前港后厂实现销售收入120亿的目标，形成多煤种、多品种的货物经营格局。

梁山港今后将紧紧围绕“一个中心、一个保障、四条主线、四个坚持”工作总思路，以贸易增量为中心，以完善提升生产系统为保障，充分发挥“三争（即争一流、争第一、争唯一)”精神，将梁山港打造成为年营业收入超300亿元、年吞吐量达7000万吨的现代化智慧物流工业园区，并完成物流项目国内资本市场主板上市，使“港口＋贸易＋金融＋免税港区＋港产城”建设深度融合，到“十四五”末期建设成为亿吨大港口，全力打造港产城一体化发展的融合示范区！

第四节　体谅编辑难，心态要放宽

支持、尊重，并能体谅编辑的辛苦，是每一位通讯员应该有的职业素养。

一、理解编辑苦，体谅编辑难

有媒体工作者说，编辑每天伏案工作数小时，在脑力和体力上都是很疲乏的。因此，编辑除非从工作中找到兴趣和吸引力，否则，不会把工作做好。好的编辑，当他改写一条新闻，把陈词滥调改成漂亮的短句，从整条新闻概括出一条吸引人的标题时，他感到骄傲，有一种成就感。

改好每一篇新闻，完成每一个版面的设计，都会给编辑以兴奋的、幸福的成就感。每一位编辑都有一颗甘为他人做"嫁衣"的圣洁之心。编辑的工作既辛苦又劳累，我们通讯员应理解编辑的工作性质、理解编辑的良苦用心，对编辑应表示由衷的尊重和钦佩。

因此，如果遇到编辑的修改与我们的观点不符的时候，如果遇到编辑对我们辛辛苦苦写出的稿件进行大篇幅删改的时候，我们要站在编辑的立场客观地考虑、分析原因，也许是版面的制约，也许是编辑宏观的考虑。尤其是当我们发现编辑改后的稿件出现错误时，一定不能对编辑进行指责，要抱着充分理解的态度与编辑进行沟通。我们要充分理解、配合编辑的工作，与编辑进行充分沟通、相互协作，才能实现"双向奔赴"。

二、编辑主动约稿，我们要抓住时机

当编辑主动向我们约稿时，代表的是编辑对我们的信任、欣赏，我们一定要抓住时机，积极主动写稿，按照约定及时投稿，全力支持编辑的工作。这将有效增进我们和编辑之间的配合度、信任度，也为我们以后能够持续发稿奠定良好的基础。

2018年4月初，《企业家日报》的编辑向我询问有没有企业管理经验总结方面的新闻，我正巧准备写一篇类似的。于是，我爽快地答应了编辑的约稿请求，问清楚稿件的要求，以最快速度整理素材、撰写新闻，并于当天下午发给了编辑。请看《企业家日报》2018年4月9日第2版刊发的新闻《济矿集团跨越发展的宝贵经验——想干事　会干事　共干事　精干事》：

济矿集团跨越发展的宝贵经验——

想干事　会干事　共干事　精干事

特约记者　王传钧　济宁报道

近日，在山东济宁矿业集团的一次会议上，该集团总经理张广宇总结指出，2017年是济矿集团干事最多的一年，也是跨越发展的关键一年。这一年大事多、难事多、喜事多。去年的工作实践，使他们切身体会到“四干事”(“四干事”，即：想干事、会干事、共干事、精干事)在企业生产经营管理中的特殊重要性。因此，“四干事”也成了济矿集团今年的首选热词和值得传承的宝贵经验。

想干事是干成事的前提。是不是想干事，是衡量干部员工愿不愿为企业发展奋斗、真不真心为职工谋利益的重要标尺。凡事想干了，才会有希望。不想，则一事无成。想干事，才会有激情，有动力，才会放弃一切，主动投入，忘我地工作，无私地奉献，有一种干不好工作不罢休的使命感，始终保持与时俱进、开拓创新的良好精神状态。

会干事是干成事的基础。会不会干事，是能力的体现。会干事，就是要讲方法、讲效率、讲质量、讲水平，学会别人没有的本事，做到表达精确到位、协调滴水不漏、办事干净利落。会干事就要举重若轻，事半功倍，统筹兼顾，转变方法，集中精力抓大事，注重解决工作中重点、难点和职工群众关心的热点问题，着力解决涉及面广和全局性的问题。会干事，就要明白一切办法只有在干中才能找到，一切问题只有在干中才能解决，一切机遇只有在干中才能抓住。会干事才能创佳绩。

共干事是干成事的保障。“众人拾柴火焰高”。只有凝聚合力，团结共事，和谐干事，才能干成事。干部员工只有增强协调性，多支持，不拆台，做到同登一个台，唱好一台戏，不跳独角舞，有成绩不争功，有问题不诿过，多体谅不计较，才能做到上下一条心，拧成一股绳，才会合力干事创业。

精干事是干成事的要求。“精”是一种品质、一种能力、一种素养。一个人只有有了“精”的理念追求，才能出成果、出精品，干成事。精明能干需要诚心、尽心、细心，即使是一件确实该干的好事，各方面的条件已经成熟，也绝不能轻慢具体操作，疏于过程控制。小事成就大事，细节决定成败。工作中，有时一个细小环节没注意，一个思想问题没解决，一种相关利益没协调，便会导致前功尽弃，甚至满盘皆输。所以，每抓一项工作，每搞一项建设，都要精雕细琢，精打细算，把好事办好，把实事办实，把难事办成，把蓝图变为现实。

据悉，济矿集团干部员工2017年形成了“想干事、会干事、共干事、精干事”的强大合力，最终实现了全年销售收入75.6亿元，同比增加50%；利税28.7亿元，同比增加131%；均创历史最好水平的目标。

再请看《现代物流报》2023年4月12日企业版头条刊发的通讯《梁山港积极助推现代物流　赋能港航经济》：

梁山港积极助推现代物流　赋能港航经济

特约记者　王传钧　通讯员　杨鲁宁

今年以来，梁山港积极抓住先机，抢占发展制高点，搭建大物贸平台，大力实施“物贸引领+物流进江、联海、向陆”战略，开展“敲门行动、串链拓链行动”，推进港贸协同、港船协同、港港协同、港产协同，打造“港船贸产建融”一体化商业模式，助推现代物流，赋能港航经济。2023年一季度，梁山港分别与陕西煤炭交易中心、河南煤炭交易中心签署战略合作协议，双方在物流贸易、客户资源开发、平台指数建设、金融赋能等方面达成合作共识，优势互补，强强联合，携手开创合作互利共赢新局面。

梁山港“一单制”试点工程落地

2022年，济宁市聚焦打造北方内河航运中心，整合港口船舶资源，形成港口吞吐能力4 270万吨，船舶运力630万载重吨，开通集装箱航线9条，其中，梁山港首条江河海多式联运航线直达福建，这也是山东省内河的首条航线。

无独有偶，2023年3月22日，山东省交通运输厅下发了《关于公布2023年全省多式联运“一单制”试点工程的通知》(鲁交运管〔2023〕8号)，梁山港山东京杭多式联运“一单制”试点工程项目成功入选，可获得省级财政给予一次性奖补，用于试点工程多式联运规范标准及单证格式制定和推广、基础设施建设等相关内容。

该“一单制”试点工程紧抓山东省新旧动能转换、运输结构调整以及山东港口一体化改革发展的重大机遇期，依托瓦日铁路、京杭运河、长江黄金水道和东南沿海大通道等四条物流大通道，统筹内河港口集疏运资源、铁路运输资源、物流车队等，探索构建多式联运“一单制”生态体系，大幅提高多式联运效率，降低多式联运成本，促进节能减排，推动建设绿色港口、智慧港口。

该工程实施积极对接双循环、“一带一路”、长江经济带、交通强国、推进多式联运优化运输结构调整等国家战略，以构建多式联运“一单制”生态体系为目标，依托瓦日铁路、京杭运河、长江和东南沿海等四条物流大通道和项目各参建单位资源优势，联合政府、银行保险等金融机构、各运输组成单位、科研院所等各方力量，加快构建多式联运“一单制”平台标准业务流程，完善推广机制，创新服务模式，强化一体衔接，推动联运货物“一单到底、一票结算、一次委托、一口报价”，实现降本增效、智慧互联、开放共享、绿色发展。

成功入选全省多式联运“一单制”试点工程，有利于争取国家和省级政策支持，强化梁山港工程土地、资金等要素保障，在更大范围、更深层次、更高水平上深化产业链、供应链上下游合作，提升梁山港平台吸引力和影响力，实现港航产业向价值链中高端升级，助力济宁物流枢纽形成物流、商贸、产业并举，联动发展的特色产业体系。

随着“一单制”试点工程的落地，梁山港多式联运将成为更具竞争力的服务品牌。梁山港上联“晋陕蒙”能源基地，下达京杭运河“江浙沪”经济带的能力进一步提升，形成立足京杭运河，辐射长三角，影响全国、联通世界的国内大循环和国内国际双循环开放新格局，对于促进区域梯度联动协调发展，深化国家“一带一路”建设具有重大意义。

梁山港“多式联运”价值逐步放大

2014 年，随着我国“西煤东输”重要的运煤铁路——瓦日铁路建成通车，让梁山港原址一下子成为瓦日铁路与京杭运河联通的咽喉要地。

2015 年 4 月，由传统煤电产业发展起来的济宁能源，把建设公铁水多式联运的梁山港作为新旧动能转换的重要突破口，开挖了 17.1 公里航道，建设 9.18 公里铁路专用线，把世界第一条按 30 吨重载铁路标准建设的瓦日铁路与京杭运河在梁山县“手挽手”，打通了“工”字形多式联运的大通道。

2020 年 5 月，以济宁能源为主体的济宁港航发展集团正式组建，目标锚定打造北方内河航运中心。随即，梁山港便逐步开始发挥出它独特的区位优势和航运价值。

2022 年 3 月，2000 吨级满载船舶在梁山港集装箱码头顺利首航直“长三角”，这意味着京杭运河具备2000吨级船舶满载航行条件的航道向北延长近57公里。可以说，水运的运能更大，而运费仅有铁路的三分之一、公路的七分之一，而且水运相比公路、铁路运输更为环保，污染少、耗能低。

2023年3月28日，《山东京杭多式联运物流项目配套铁路专用线改扩建工程》项目核准获得省发展和改革委员会批复，这一重大进展，为项目打通铁路进港最后一公里奠定了基础。该铁路将串联起瓦日铁路、京杭运河、长江黄金水道和东南沿海等四条物流大通道，是瓦日铁路集疏运系统内项目，近期可满足10万标箱集装箱货运能力和满足煤炭储备基地集疏运功能，远期兼顾临港产业园区货物运输需求，是解决铁路运输“最后一公里”的重要设施，实现梁山港既有铁路的闭环运营。

更为重要的是，晋陕蒙的优质煤炭资源，从梁山港沿运河下联华东、华中，在缓解北煤南运压力、提高了运输效率的同时，每年为客户节省运费8亿元到10亿元。高峰时期，梁山港单月煤炭到发量突破90万吨，汽车运输一天到达五六百辆，火车到达一天近十列，“汽运”“铁运”“水运”多式联运齐发力，全力确保煤炭保供战略任务完成。

梁山港“前港后厂”模式前景广阔

借助梁山港的优势，济宁市提出“强力攻坚现代港航物流”的发展战略，积极发展“前港后厂”港产城融合一体化模式，加速培育产业集群。为了发挥港口辐射带动作用，在距梁山港1.5公里的地方，济宁市及梁山县规划了临港产业园，吸引来自省内外的多家企业共建梁山钢铁物流加工基地。2021年7月，梁山港“前港后厂”融合发展模式被列为国家发改委物流业制造业深度融合创新发展典型案例。

“包钢、河北钢铁的钢材，可以通过瓦日铁路直接运到梁山港。”济宁港航金属材料有限公司（简称“金属材料公司”）总经理于利军说，梁山县不仅有港口水运优势，还有中国专用汽车产业基地，钢材需求量很大。

下一步，金属材料公司将以高端钢材加工为主体，仓储物流服务和贸易金融服务两翼协同发展，为客户提供“钢材加工、仓储物流、大宗贸易、金融服务、信息平台”为一体的供应链服务，以仓储促加工，以加工促贸易，相互融合，打造一个服务鲁西南及运河沿岸、辐射长三角的“港航金属供应链平台”。

据介绍，济宁港航钢铁物流加工基地项目整体规划占地420亩，建设生产仓储车间17.5万平方米，打造建设成为具有国内先进水平的高端钢材加工生产及贸易物流基地,形成合计300万吨高端钢材加工销售的规模生产能力。项目一期安装5条国内先进的高强钢的加工生产线,具备年50万吨高强度钢材加工生产能力。

2023年,金属材料公司紧盯目标,铆足干劲,在“真”字上下功夫,在“量”字上求突破,结合企业年度重点任务挂图作战计划,形成经营贸易、加工、仓储、金融等54项重点工作清单和保障措施。2月份,金属材料公司单月销售量与加工量均创新高,仅钢材加工量就突破了1万吨。一季度实现销售额19.708亿元。

2022年前三季度,梁山港“前港后厂”物流产业园区销售额实现112.51亿元,突破百亿大关,成为济宁能源集团首个百亿级产业园区;2023年一季度实现营业收入35.45亿元。目前,根据港口基础条件和产业特征,梁山港正以建设智慧绿色港、物流枢纽港、港产融合示范港、金融贸易港为目标,不断增加港口发展的“含金量”和“附加值”,在打造“亿吨大港口”的同时,进一步培育特色临港园区,以实际行动助推现代物流产业、赋能和壮大港航经济。

第六个锦囊：

如何拓展宣传渠道？怎样应对负面报道？

第一节　宣传宜搞活，人脉必广拓

“无论写多写少，发表为好，发表了才是硬道理。”

“无论写好写歹，见报为要，见报了才是王道。”

成功学大师戴尔·卡耐基认为，一个人事业成功与否，很大程度上并不取决于专业能力，而是处理人际关系的能力。专业知识在一个人成功中的作用只占15%，而其余的85%则取决于人脉。

举个简单的例子：如果我们只有三个编辑人脉，那么我们的稿件作品只能发给三位编辑；如果我们拥有三百个编辑人脉，而且遍布市级、省级、国家级以及行业媒体，那么我们的发稿率将会大大提升。

一、拓展人脉前，要先提升自己的价值

（一）通讯员向“报料人”转变

第一，通讯员可以与记者合作，充当“报料人”的角色。当有了好的新闻素材尤其是自己难以把握的新闻素材时，通讯员可以主动向记者报料，约请记者来采访、向记者提供帮助、和记者共同完成采写。

（二）多写体验式新闻，少写“公文化”新闻

通讯员在写身边的新闻时，不仅是观察者，还是亲历者。因此，可以把新闻写得更真实、更鲜活，现场短新闻和新闻特写往往是媒体和读者喜闻乐见的。

（三）从“工作视角”向“百姓视角”转变

通讯员要发挥与人民群众联系紧密、与现实生活接近的优势，视野向老百姓倾斜，多采写一些反映基层实际的、接地气的平民报道和凡人情怀。

二、凭借互联网，聚拢好人脉

随着互联网的发展，现实的人际交往开始向网络交往转型，人们开始在互联网平台上搭建自己的网络人脉。通讯员可以充分运用网络软件和手机小程序，如QQ、UC、微信、抖音等，开拓人脉、结交朋友，利用网络人脉拓展投稿渠道。

当然，打铁还需自身硬，我们只有将自己强大起来、优秀起来，才有可能拥有更多更好的宣传人脉。这就要求我们要有思想有眼光，如实报道事实真相，并深入揭示事件的本质。请看《山东工人报》2022 年 8 月 22 日 A3 版刊发的新闻《梁山港参与行业数字化应用标准制定》：

梁山港参与行业数字化应用标准制定

本报讯　“梁山港积极推动数字化仓库应用电子仓单与在线支付结算、在线质押融资的发展，正在参与由中国物流与采购联合会物联网技术与应用专业委员会组织编制的《数字化仓库数据分类与接口规范》行业标准，积极参与标准起草、完善内容的工作。”8 月 15 日，梁山港科技信息中心负责人田兴劝说。

一流企业制定标准、引领行业发展。梁山港作为江北最大的内河港口，自觉担起我国内河港口数字化建设急先锋的重任。《数字化仓库数据分类与接口规范》旨在引导和帮助梁山港如何从技术上建设好数字化，通过数据分类与接口规范的要求，进一步梳理促进梁山港产业链和价值链延伸。

在数据接口方面，该标准按照仓储服务、运输服务、加工服务、电商服务、金融服务等分别对各方面提出数据接口的具体要求，其中包含业务流程、查询、统计、分类、电子仓单、结算、监控、物联网等数据接口，为梁山港建设数字化、标准化港口奠定了坚实基础。这也是梁山港继首个智慧园区平台建成后的又一亮点。**(王传钧)**

请看《中国水运报》2021 年 8 月 4 日物流版刊发的新闻《济宁运输大通道带动大物流》：

济宁运输大通道带动大物流

特约记者　王传钧

梁山是古典名著《水浒传》故事的发祥地，梁山港就坐落于梁山北的梁济运河右岸，依托连接我国东西部的重载煤运铁路通道瓦日铁路与京杭大运河交汇于梁山境内的特殊位置而建，占据了西煤东运咽喉要地，吸纳晋陕蒙优质煤炭资源，沿运河下联华东、华中，进得来、出得去，不仅是山东煤炭保障供应的主力军，也能沿运河入长江，辐射苏浙沪，成为连接西部煤源产地和长江三角经济区的重要港口物流枢纽。

7 月，山东省发展改革委印发《山东省“十四五”现代物流发展规划》。《规划》分为发展基础和环境、总体要求、发展布局、发展重点、支撑体系和政策保障六大部分，提出以“降本、增效、提质”为总目标，着力构建物流运行、产业、支撑三大体系。

凭借京杭大运河的内河航运优势，梁山港的煤炭、钢材、水泥、铁矿石、农用物资等大宗货物，远可通江达海对接“一带一路”，近可助推山东地方经济发展。

不同于其他运输方式，铁路运输与水运都有运能大、耗能小的优势与特点，梁山港实现了铁运与水运的强强联手，大大缓解了北煤南运的巨大压力，在节约资源与成本的同时，更提高了运输效率。以往每吨 240 元的运输成本，在经过瓦日铁路到梁山港转京杭大运河运至南方，运输成本可缩减至每吨 180 元。铁路与水运的协调联动，充分发挥了双方优势，进一步节约成本，提升效率，让北煤南运更加方便快捷。

今年 5 月 24 日，济宁能源自主制造的济港货 0001、济港货 0002 两艘 LNG 动力船满载铁矿石到达梁山港，并通过卸船系统成功接卸，标志着梁山港码头作业方式由装载作业转变成可接卸、可装载的作业方式，同时也增加了梁山港的经营种类。该批铁矿石由江阴港发出，货物到达梁山港后再经汽运短倒至终端用户厂区。为增加梁山港经营种类，提高区域竞争力，实现港区多元式发展，梁山港物贸分公司积极与上游客户沟通，详细介绍货物经梁山港短倒的经济优势、效率优势，全面提升服务质量，力争让客户满意、让客户安心，进而实现双方的互惠互赢。目前，梁山港单日吞吐量已经突破 4 万吨，大产业聚集效应日渐形成。

河北物流集团金属材料有限公司在国内品牌知名度高，上游资源优势突出；梁山县的山东柏颐车业有限公司在梁山县本地市场具有突出的客户优势；再依托济宁港航发展集团有限公司的梁山港和其独特的“公铁水”多式联运优势，3 家股东合力打造钢铁物流加工基地建设项目。今年 5 月 17 日，钢铁物流加工基地建设项目正式破土动工。

钢铁物流加工基地建设项目不仅能实现股东三方优势互补，强强联合，打通完善产业链条，形成以钢材运输、加工、销售为一体的产业集群，而且还能促进梁山港打造“仓储、运输和配送、多式联运功能、加工制造与流通、信息服务、综合服务和金融服务”七大服务功能，构筑“大宗干散货、钢材、集装箱运输和现代物流”四大重点体系，围绕“前港后厂”发展模式推进“港口＋贸易＋金融＋免税港区＋港产城建设”深度融合，3 年至 5 年形成年产值 300 亿元以上，年吞吐量达 5000 万吨至 7000 万吨的现代港口物流智慧化工业园区，并实现梁山港国内资本市场的主板上市，进一步壮大山东的工业基础和经济总量。

未来的梁山港将被全力打造为京杭运河集装箱多式联运的示范者、智慧化绿色物流的创新者和港产城协同化发展的推动者，主动打好物流业制造业深度融合创新发展“漂亮仗”，发挥铁水联运区域优势，助推国家经济建设，为国家京杭运河系列布局作出特殊贡献。

请看《中国煤炭报》2023年8月15日头版倒头条发表的《全国内河港口首张“两碳”证书花落梁山港》：

全国内河港口首张“两碳”证书花落梁山港

本报讯　日前，全国内河港口首张“两碳”认证颁授仪式在山东济宁港航梁山港有限公司（以下简称梁山港）举行。梁山港获得中国船级社质量认证有限公司颁发的“碳足迹”“碳中和”证书。此举标志着梁山港在建设近零碳排放港口方面迈出了坚实一步。

据了解，“碳足迹”是指企业机构、活动、产品或个人引起的温室气体排放的总和，表示一个人或团体的“碳耗用量”。“碳中和”是指企业、团体或个人测算在一定时间内直接或间接产生的温室气体排放总量，通过植树造林、节能减排和购买碳信用等形式以抵消自身产生的二氧化碳排放量，实现二氧化碳“零排放”。中国船级社质量认证公司是承担中国船级社陆上检验与认证业务的专业机构，是联合国环境署清洁发展机制（CDM）执行委员会和国家发展改革委授权的第三方核查机构。

作为江北地区最大的内河港口和山东省煤炭应急储备基地，梁山港拥有亚洲第一大单体全封闭式储煤棚、万吨列车智能卸车机房、我国首台智能火车清车机等多项全国第一，也是济宁市第一家五星级绿色港口。梁山港在封闭式储煤棚的顶部安装了5兆瓦的光伏发电系统，年发电量可达550万千瓦时，每年可为企业节约电费150余万元，有效减少碳排放量3788.6吨。

近年来，梁山港淘汰高污染、高排放机械设备，引进了LNG运输车辆108辆、LNG船舶10艘；高标准建设智慧港口一体化平台，港区绿化总面积15万余平方米，2023年7月被授予山东省“园林式单位”荣誉称号。**（王传钧）**

请看《山东工人报》2021年3月29日企业视窗版刊发的新闻《济宁能源集团瞄上“氢能”》：

济宁能源集团瞄上“氢能”

本报讯 3月18日，济宁能源发展集团党委副书记、总经理张广宇带队到上海的航天氢能（上海）科技有限公司、上海空间电源研究所参观考察，深入了解氢能产业发展及燃料电池技术应用情况，并积极探讨合作方向。

在上海空间电源研究所，双方召开座谈交流会，张广宇介绍了济宁能源发展集团的发展战略和新能源业务的发展应用情况。据了解，上海空间电源研究所是中国航天科技集团有限公司第八研究院所属的空间电源系统研究所，是国防科工局核定的国家空间能源专业核心保军单位，国内主要空间电源系统的抓总单位；在民用新能源领域，大力拓展燃料电池、二次电源、轨交电源、地面装备电源等新技术新产业。会上，双方表示将进一步加强交流沟通。**（王传钧）**

第二节　征文最讨巧,大赛跟着跑

征文,指某个组织、机构、团体、报纸、杂志、文学网站、单位等为了某个活动公开向社会(或单位内部)征集有关文章,有稿酬或无稿酬。该类文章可能有题目、题材、格式的限定,与作文大体上一样,内容一般限定在某个主题,时间限制在一定的日期内。可以根据举办方的活动要求写些相关文章。征文的目的是促进文化交流、知识传播、创意激发、宣传推广和社会参与。

一、征文的特点

(一) 主题明确

征文的主题通常都非常明确,往往是与某个特定的领域或话题相关的。

(二) 参与自由

征文的参与者一般不限于某个特定的人群,任何人都可以参与。

(三) 评选公正

征文的评选通常都是公正、公开、公平的,评选标准也非常明确。

(四) 奖励丰厚

征文的奖励通常都非常丰厚,有的是奖金、证书、奖品,有的是免费赠送一年的报纸杂志等。

二、参加征文的好处

(一) 提高个人素质

参加征文可以促进个人的思考和写作能力,提高个人的综合素质。

(二) 扩大知识面

参加征文可以让人们了解更多的知识,扩大自己的知识面。

(三) 展示才华、宣传单位

参加征文,既可以展示个人的才华和思想,让更多的人了解自己,又可以借机宣传单位,提高自己所在单位的知名度和美誉度。

(四) 广交益友、获得奖励

参加征文活动可以结交到更多的良师益友,甚至还可以获得丰厚的奖励。

2013年,由自然资源部主管主办的国家级行业报《中国矿业报》举办了"西北有色杯——我与《中国矿业报》"有奖征文活动,我以济宁能源发展集团职工的名义积极参加,还因此认识了两位报社编辑,获益良多。请看《中国矿业报》2013年8月20日第1版刊发的《我愿坚守这份爱》:

我愿坚守这份爱

王传钧

虽然自家订阅《中国矿业报》还不到三年,但是不知从何时起,我养成了一个不好也不坏的习惯——爱晚上从报箱里取报纸、更爱晚上坐在书房里看《中国矿业报》,而且是每晚必须看,否则,我当天晚上肯定是睡不好觉的。久而久之,我倒觉得《中国矿业报》不只是单纯的一份报纸,她更像是一位夜夜陪我交流的知己;没有她的夜夜相伴,我将夜不能寐、食而无味。

每晚,当我悄悄走进《中国矿业报》的世界,犹如走进人类圣洁的心灵家园,于是我虔诚地静下心来端报细读,综合新闻、矿山企业、权威访谈、百家论坛、文学副刊……一行行、一句句、一段段、一篇篇,时间一分一秒轻轻地从指间划过,悦读时的心情也很别致,我感觉生活仿佛一下子多了一种滋味、一扇窗口、一抹阳光,就连空气中也都弥漫着异样的芬芳、别样的暖意,甚至还有一丝丝甜蜜夹杂其间,相信再紧张烦乱的气氛此刻也会在时间老人的调教下变得异常温柔和恬静,这是一种美妙隽永、酣畅淋漓的精神享受,是一场沁人心脾、感人至深的新闻与文学和谐交融的盛宴。记得著名作家梁晓声先生曾经这样说过:"人拥有宁静的时光,这本身便是幸福,而宁静的时光因阅读又会显得尤其美好。"

的确如此!

只不过那些为功名利禄、蝇头小利惯用心计的人享受不了她,盘算着股市行情上涨下跌的人享受不了她,记挂着今天张某某送礼、明天李某某请客的人享受不了她,迷恋着KTV彻夜狂歌滥舞的人也享受不了她,侵吞国家财产如同吸食白粉大麻般的"瘾君子"们更是享受不了她的美好。更为可贵的是,她把"用社会的眼光看矿业,以矿业的眼光看社会"作为办报理念和宗旨,以独特的视角和敏锐的目光,想政府之所想,急政府之所急,通过报纸这个平台,为中国矿业的发展坚持不懈地鼓与呼,将矿山人和地质人紧紧地聚拢在一起,有深度、有力度、有厚度,更有温度,使《中国矿业报》很快成长为中国矿业界有重要影响力的新闻媒体。

如此而已！

夜深了，万籁静寂，我守一盏柔和的灯，伴着纸张淡淡的清香与《中国矿业报》中的干部职工、专家学者、良师益友默默交流。中国矿业报，她给了我学识与激情，给了我庄严与坦荡，给了我平台与快乐，更给了我报效祖国的正能量；我的灵魂由此而得到净化和升华，我的事业由此而得到补给和引导，我的生活由此而变得坦然和健康。

我爱读《中国矿业报》，并愿意坚守这份爱！

（作者单位：济宁能源发展集团）

2020年2月20日，《现代物流报》举办了以“战‘疫’路上的物流人”为主题征文活动。我根据内容要求、格式要求等进行撰写、投稿。请看《现代物流报》2020年3月4日第A4版刊发的征文《保打赢　保民生　保稳定——济矿物流公司疫情期间全力以赴保障煤炭供应侧记》：

保打赢　保民生　保稳定

——济矿物流公司疫情期间全力以赴保障煤炭供应侧记

通讯员　王传钧

2020年春节，一场突如其来的新型冠状病毒肆虐中国，农历正月初一，习近平总书记主持召开中共中央政治局常务委员会会议，“只要坚定信心、同舟共济、科学防治、精准施策，我们就一定能打赢疫情防控阻击战。”会议中，习近平对于如何打赢疫情防控阻击战明确给出了四个关键词。

高度重视步调一致
确保打赢疫情防控阻击战

同心同德做防控，万众一心抗大疫。

1月26日，济宁能源发展集团党委副书记、总经理张广宇主持召开疫情防控专题视频会议，对集团公司新型冠状病毒感染的肺炎疫情防控工作进行安排部署。

1月27日，济宁矿业集团物流有限公司（以下简称：济矿物流公司）党委书记、总经理林卫国主持召开济矿物流公司加强新型病毒的肺炎疫情防控工作部署会，并制定下发了《济宁矿业集团物流有限公司关于做好新型冠状病毒疫情防治工作的实施意见》，成立了以林卫国为组长的疫情防治工作领导小组。

正月初三，是济矿物流公司节后开工、正常发运的第一天。为了“疫情防控、煤炭发运”两不耽误，该公司在大门口设置了新型肺炎体温监测点，专门为外来人员进行体温监测、来客登记等服务，并无偿给运输公司前来拉煤的司机发放口罩。同时建立了内外部人员疫情筛查台账，迅速在OA、微信群等公共办公平台发布公司疫情防控通知、张贴疫情防控明白纸和疫情防控知识手册。

为切实有效防控新型冠状病毒感染的肺炎疫情，确保广大员工的身体健康和生命安全，根据《国务院办公厅关于延长2020年春节假期的通知》和集团公司要求，济矿物流公司延长了部分人员的休息时间。除公司中层及以上管理人员、保卫全体人员、部分重点岗位工作人员留守外，所有机关后勤工作人员原则上全部延长休息。而且凡是留守人员吃住都必须在物流园区内，未经允许不得外出，更不准回家。与此同时，该公司做好员工食堂生活物资的储备工作，全力保障在岗员工的生活。建立健全粮、油、肉、蛋、菜等生活必需品的储备台账；及时备足备齐医用口罩、消毒液等疫情防护用品，统一配发到位。

盯紧煤源合理调运

确保热力电厂用煤不受影响

瞅准时机抢煤源，统筹兼顾抓现场。

疫情防控期间，济矿物流公司干部员工站在保煤炭供应就是保打赢、保民生、保稳定的政治高度，把“盯紧煤源勤来煤、合理调运多发煤”作为提高煤炭保障能力的一项战略性措施，切实抓紧抓好，抓出实效。以实际行动展现济矿物流人守土有责、守土担责、守土尽责的独特风采。

众所周知，近年来，受资源条件的限制，山东省内煤炭产量趋于下降，省外煤炭净调入量逐年增加，煤炭供应保障的任务更加艰巨。山东省能源局于2017年将济矿物流公司铁水联运物流中心纳入省级煤炭应急储备基地管理。新型冠状病毒感染的肺炎疫情防控阻击战开打以来，济矿物流园区作为煤炭应急储备基地，保民生的重要战略意义尤为凸显，其作用和优势在今年疫情防控的特殊时期达到了前所未有的高度。

济矿物流公司想方设法安排业务员盯紧煤源，不断开发上游客户。在自身尚不具备铁水联运的条件下，他们主动出击，分别在榆林、神木、忻州、柳林一带设立据点，抢占优质动力煤、炼焦煤等多品种煤炭资源，利用西安局下属站台接入瓦日线的契机，充分挖掘新开发的神木德林、红柠铁路物流等上游客户的煤源潜力，不断增加上游煤炭资源的供应量。

2月初，梁山县杰森热力、金乡县热力等客户电煤告急，济矿物流公司主动承担社会责任、暂停了自营煤炭其他客户的发运计划，优先安排发运发电、供热用的动力煤给煤炭储备不足、煤炭库存告急的电厂。仅2月1日当天，济矿物流公司就发运煤炭18814.86吨，出厂车辆578车；有力保障了济宁本土电厂和下游电力企业的发电、供热用煤需求，大大缓解了电煤供应紧张问题。不仅确保电厂用煤不再告急，而且满足了老百姓的居家用电所需。在民生得到保障的同时，也大大支持了社会各界新型冠状病毒感染的肺炎疫情防控阻击战。

积极协调主动发运

确保煤炭运输通道顺畅

天下无难事，只要肯登攀。

2月2日，随着疫情防控工作形势愈加严峻复杂，且已进入最关键的暴发期。济宁高新、兖州、曲阜、泗水、邹城、嘉祥、汶上、梁山自2月2日中午12时起先后实行临时交通管制，全面管控人员流动。

面对“有煤无路”的特殊情况，济矿物流公司积极向梁山县疫情防控指挥部领导小组协调车辆通行事宜。2月4日，发运煤炭4043.30吨。因为车辆少、来回耗时多，发运人员经常遭遇晚上加班至21点的情况。2月5日，煤炭发运量上升到了7155.38吨，2月6日更是突破了万吨。据统计，2月1日至22日，济矿物流公司共发运煤炭229072.92吨。

新冠病毒肆虐，防控任务艰巨，济矿物流人没有退缩，该公司留守干部员工全力以赴保障疫情期间的煤炭供应。寒冬里、风雪中、夜幕下，他们积极主动、不计得失、毫无怨言、团结一心做好煤炭接卸和发运工作，很好地诠释了什么叫作“团结出凝聚力、团结出向心力、团结出战斗力”。与此同时，济矿物流公司也用实际行动证明了自己完全具备向鲁西南地区乃至更大范围煤炭应急配送的能力，不辱山东煤炭应急储备基地的使命，顺利通过了这次“大考”，值得点赞！

2020年6月11日，中宣部举行“走向我们的小康生活”主题采访报道活动启动仪式，全面启动“决胜全面小康决战脱贫攻坚”重大主题宣传。全国150多家媒体近900名记者参加。我作为一名特约记者参与主题活动。请看《现代物流报》2020年8月10日专访版刊发的文章《踏着奋斗的节拍　甘为物流人喝彩》：

踏着奋斗的节拍　甘为物流人喝彩

特约记者　王传钧

每一份成功的背后，都有他人所不知的饱含奋斗的艰辛付出。

笔者是干井下掘进工出身的煤矿工人，梦想却是做知名杂志社的编辑，21岁的时候还曾立志要做"现代鲁迅"。

创作的梦想近在咫尺却又远在天涯，求学，毕业，应聘，打工，在不同的城市打拼，与不同单位的同事磨合共处，既在电视台、报社做过编辑记者，也在大都市的街边饭馆端过盘子，甚至还曾在山东济南捡拾过11天的生活垃圾，饱经风霜雪雨，体悟了世态炎凉。

7年的闯荡打拼之后我才渐渐明白：真正的伯乐其实就是自己，也只有你才最了解你自己；能力不单是来自理论学习，还得通过亲身经历苦痛教训来锤炼；只有这样，才能成长起来，才能成熟得更快，才能更加沉稳干练。

我一直被这个生动的发现所激励、鼓舞，不停地接力奋斗，在打工的间隙里我开始着手自由撰稿，以一篇又一篇发表的文字作品向社会、向大众推销自己，潜心做自己的伯乐。

考进国企的第三年，当我用不到五个月的时间就完成了34.7万字的我国首部"矿山安全—应用心理学"类通俗读物《地心深处那束光》的时候，同事、工友、亲戚、领导、媒体记者无不刮目相看。当年11月，我又快马加鞭，第二部书《煤矿职工必修的8堂课》也成功出版发行。

两部书的出版让我进一步认定：最好的伯乐是自己。感悟到"千里马"不是天生的，而是在自我激励和不断奋发有为中成长起来的。当你被别人忽视的时候，请记住一句话：你就是你最好的伯乐！

作为一名矿工，最初我的工作就是在保证安全的前提下，多出煤、出好煤，为国家煤炭事业做贡献。工作之余，我经常写点文章。2007年4月，我参加了由中华全国总工会和《工人日报》社联合主办的"2006年全国职工文学创作优秀作品"大赛，最终我写的赞美煤矿工人不畏艰辛、乐观向上的散文作品《猴车，我的猴车》获得了全国优秀奖。这也是我国文学作品中首次涉猎井下"猴车"的作品(借物喻人)，而且整个山东省只有5人获奖，我是其中之一。

写作，看似简单，实际上是一件很难的事。但凡读过书的人都多多少少具备写作的能力，却不见得人人都写得好，尤其是写新闻稿。为了学习新闻写作，我于2008年报考了成人高考,并于当年以超出最低分数控制线126分的好成绩,考上了山东大学文学与新闻传播学院的新闻学专业(专升本)。接到录取通知书那天起,我就立志做一个“实干家”,想以自己的实际行动来为煤矿工人群体增光添彩。我是这么想的,也是这么做的:

——2009年2月4日,山东大学官网“山大视点”专栏转载了《济南时报》对我的宣传报道《矿工“保镖”考上山大》;

——2009年3月20日,《济宁日报》以《矿工来写,矿工去读,成就矿工,我国首部矿工心理励志类通俗读物出版》为题对我写的《地心深处那束光》一书进行了报道;

——2010年4月,《中国煤炭报》以《汶篝沟矿〈煤矿职工必修的8堂课〉受热捧》为题对我写的《煤矿职工必修的8堂课》一书进行了宣传报道。在随后的日子里,《工人日报》《中国煤炭报》《大众日报》、国家煤炭工业网等十余家媒体先后对我和我写的两部书进行了跟踪报道;

——2010年7月,我收到了时任济宁市委常委、副市长周洪写来的亲笔信:“传钧,好!看了你写的两本书,我对你肃然起敬!你如此年轻,如此有智慧,实为让我敬佩。济宁能源发展集团正处在跨越发展的关键时期,班子团结,上下一心,发展健康,正需大量人才,望你今后能在集团发展中再做新努力、新贡献!我会支持你的,支持集团建设的。多联系!”可以说,周副市长的亲笔信从官方角度对我的作品给予了肯定;

——2012年,我撰写并对外发表了237篇(幅)新闻作品,获得了由大众报业集团、山东省新闻工作者协会、山东省新闻学会联合颁发的“山东省十佳业余记者”荣誉证书;

——2013年7月,《中国煤炭报》在“中国梦矿工情”专栏以《王传钧的目标,追寻自己的支点》为题,从“矿工追寻中国梦”的角度又对我个人进行了宣传报道……

以上成绩的取得,皆来自我的务实进取和艰辛付出。当然,不仅是在安全心理领域和企业新闻写作上有所突破,我还在新闻理论和研究方面进行了大胆探索与创新——2013年11月8日,由我编著的《写好新闻 给你6把金钥匙》在中国矿业大学出版社出版,面向全国发行。

实用的东西总是会受到人们的青睐。《写好新闻 给你6把金钥匙》出版后不久,便受到行业媒体的关注和喜爱,2014年3月至9月,《写好新闻 给你6把金钥匙》一书在国家工业和信息化部主管的《煤炭矿山报》上连载了210天,三十余万读者从中获益。不只是我写的书在报纸上连载,我撰写的矿工求生攻略之《如何从矿难事故中萃取"求生之道"系列谈》(6 篇、3 万字)2015 年在国家煤矿安全监察局主管的《华矿安全报》上连载了三个月呢……

2019 年 12 月 9 日,在集团机关工作了十四年后,我被调到济宁矿业集团物流有限公司工作,成了标准的中层干部,从井下一线矿工岗到集团机关管理岗再到物流企业领导岗,实干出实效,有为才有位,是奋斗为我铺就了进步的阶梯,我也因此圈了很多粉,成了很多人眼中的"榜样"。

习近平总书记指出,"干部干部,干是当头的,既要想干愿干积极干,又要能干会干善于干,其中积极性又是首要的。"进入物流企业后,我积极撰写稿件,先后发表了《保打赢保民生保稳定——济矿物流公司疫情期间全力以赴保障煤炭供应侧记》《满负荷运转集聚"硬核"力量——济矿物流公司一手抓疫情防控一手抓经营发展纪实》《我国最大跨度钢结构储煤棚建成棚顶将安装 13.3 兆瓦光伏发电系统》《强港航、畅物流、兴产业——济宁港航经济高质量发展研讨会举行》《济矿物流港口作业区今年下半年将启用》《山东京杭多式联运物流项目纳入山东省重大建设项目》《我国首台智能火车清车机在济矿物流"上岗"》等宣传报道,不仅成功刊发,而且还上了头条或倒头条;有的作品发表后还陆续被人民网、新华网、光明网、凤凰网、中新网、新浪网、国家煤炭工业网等媒体转载。

今年 5 月,入行不足半年,我便被《现代物流报》发现并聘为该报"特约记者"。由于家庭收入连年增长,今年我还购买了一套 116 平方米、价值百万的新房,吃穿住行均无忧,过上了心仪的小康生活。

如今,物流新时代为奋斗者提供了前所未有的广阔舞台。请各位理清"有为"与"有位"的辩证关系,想为、敢为、善为,我们物流人何愁不能施展才干、赢得人生的主动权、走向我们的小康生活呢!

第三节　图文并茂，副刊亦重要

图片新闻是形象性新闻，亦称新闻照片。图片新闻具有文字报道无法替代的优势，短小精悍的文字报道，生动形象的图片，深为广大读者所喜爱。我们在做宣传尤其是搞活宣传时，必须合理运用和发挥图片新闻的作用。

我从自己多年来刊发的图片新闻作品中选取一部分给大家看一看，希望大家能够感受到图文并茂的魅力。这些图片新闻涉及节日文化、技术创新、百姓生活、安全生产等多个领域，比较有代表性。

2013 年 3 月 1 日，《精神文明报》第 4 版刊发了《老人报中取乐　静过文化春节》（王传钧文/图）的图片新闻（图 6-1）。

图 6-1

2013 年 12 月 20 日，《中国科学报》读书版编辑向全国读者推荐了王传钧编著的《写好新闻　给你 6 把金钥匙》一书（图 6-2）。

14

读书

中国科学报

编辑荐书

为天下英才成就梦想

科研论文发表的"博弈"

阅读分享

陈福民：揭开神秘的游牧帝国史

书里书外

道尔顿的原子论与"新化学"

写好新闻 给你6把金钥匙

图 6-2

2020 年 6 月 23 日,《大众日报》刊发了《一键操作,自动寻址定位　我国首台智能火车清车机“上岗”》(左丰岐、王传钧、张成帅报道)的图片新闻(图 6-3)。

大众日报

鼓舞大众 团结大众 服务大众

中共山东省委机关报

1939年创刊

2020年6月23日

星期二

习近平向中国—阿拉伯国家政党对话会特别会议致贺信

共同推动构建人类卫生健康共同体

打造乡村振兴齐鲁样板·系列述评②

找准落脚点　激活原动力

“农民支持，啥事都顺”

农民“追梦”　政府支持

省领导调研督导“六稳”“六保”工作落实情况

扎实做好“六稳”工作落实“六保”任务 推动党中央决策部署落地见效

一键操作，自动寻址定位

我国首台智能火车清车机“上岗”

聚力“六稳”“六保”·重点工作攻坚看行动

盘活困境项目　重构产业链条

以资本为纽带进行金融招引，东营港经济开发区让闲置项目“重获新生”

我省对近期疫情重点地区入鲁返鲁人员和相关产品摸排检测结果均为阴性

责任编辑　刘兵　黄露玲

图 6-3

2020 年 8 月 10 日,《现代物流报》A4 版刊发了《踏着奋斗的节拍　甘为物流人喝彩》(特约记者王传钧)的配图征文(图 6-4)。

A4　2020年8月10日　星期一
策划:孙辉　责编:李刘洋　电话:010-63452041

专访　现代物流报　邮发代号:17-67

踏着奋斗的节拍　甘为物流人喝彩

□特约记者 王传钧

图①为作者的作品在煤炭矿山报连载

图②为作者散文作品获奖证书

图③为中国煤炭报对作者的个人宣传

图④为作者主编的济宁能源报

图 6-4

2021 年 4 月 17 日,《现代物流报》第 1 版以大图的形式刊发了《梁山港开启 LNG 绿色动力船运煤模式》(王传钧)的图片新闻(图 6-5)。

现代物流报

中国物流与采购联合会主管　创刊于1985年　现代物流报社出版　国内统一连续出版物号:CN13-0031　邮发代号:17-67　全国公开发行
2021年4月17日　星期六　农历辛丑年三月初六　总第6615期　今日8版　订价1元　全年订价199元　中国物流产业网www.xd56b.com

互联网平台经济迎来“强监管时代”

A3 版

为您导读

中国已成为重要技术输出国，去年技术合同成交额增逾两成

在第八届中国(上海)国际技术进出口交易会(上交会)开幕论坛上，中国商务部副部长王炳南表示，中国将继续营造支持技术贸易发展的政策环境、进一步的完善技术贸易的促进体系、积极搭建国际交流合作网络，以更加开放的思维和举措，推进国际科技交流合作。

(详见A2版)

碳中和，将给物流业带来哪些变化?(上)

习近平主席在第七十五届联合国大会一般性辩论上的讲话中指出，中国宣布将提高“国家自主贡献”力度，力争2030年前二氧化碳排放达到峰值，努力争取2060年前实现碳中和。这对于我国来说是一个里程碑事件，同时也是我国是经济社会发展到当前阶段深刻转型的内在要求。

(详见A4版)

本栏目由《商业文化》杂志协办
中国商业联合会主管　中国商业文化研究会主办
国内统一刊号CN11-3456/GO　邮发代号82-42

梁山港开启LNG绿色动力船运煤模式

本报讯　近日，记者在济宁能源发展集团旗下的梁山港码头作业区看到，一艘标注“绿动 8016”的济宁港航发展集团LNG绿色动力船正在梁山港码头装煤。这意味着梁山港认真践行“打造智慧智能、森林绿色、安全高效港口”的发展理念，在去年 8 月启用 108 辆 LNG 国六新能源汽车拉煤的基础上，又开启了 LNG 绿色动力船运输煤炭的模式。　(王传钧)

2021年《现代物流报》招聘启事

《现代物流报》创刊于1985年，是国家新闻出版署批准正式出版、中国物流与采购联合会主管、全国物流行业的主流新闻报纸。

《现代物流报》坚持“专注、专业、影响力”的理念，突出内容的权威性、专业性、深度性及实用性，按细分行业、细分市场、细分读者的原则，积极推进媒体融合发展，现已成为拥有“一报、一网、两微+N个第三方平台”的全媒体矩阵平台和物流研究院咨询服务的综合型物流传媒企业。

《现代物流报》在全国重要经济区域和城市形成了颇具规模的服务网络，在全国物流行业具有广泛的影响力，已成为政府部门、行业协会、科研院校及物流企业了解国家政策、掌握发展趋势、交流实战经验、宣传推广品牌的主流媒体平台。

因工作需要，现招聘省市工作人员：

一、岗位要求：

1.年龄22周岁以上，男女不限，专科及以上学历；熟悉物流行业市场，具有一定的媒体行业从业经验。

2.对物流行业有浓厚的兴趣，有较强的学习能力，责任心强，具有良好的职业道德。

3.性格开朗大方，能吃苦耐劳，有较强的沟通能力，有销售工作经验者优先。

4.能够熟练运用办公软件，具备基本的公文处理及常用公文的写作能力，有相关从业经验者优先。

二、工资待遇：面议。

三、提交材料：本人近照；毕业证书、学位证书(复印件)；个人简历；工作经历等。

四、报名方式：
请将简历发至电子邮箱
E-mail：xdwlbs@163.com
电话：010-62477001　13311593539
地址：北京市丰台区菜户营南路139号
亿达丽泽商务中心现代物流报社

2021年《现代物流报》继续征订

您订100份报纸
我们送您100份报纸
我们再赠您9项增值服务

物流要速度
我们有温度

图 6-5

2021 年 9 月 14 日，《中国应急管理报》第 6 版刊发了《山东济宁港航梁山港有限公司　出台“十化”措施　压实主体责任》（王传钧）的图片新闻（图 6-6）。

图 6-6

2021 年 11 月 12 日，《大众日报》要闻版刊发了《济宁港成为省内吞吐量最大内河航运港口》（记者吕光社、通讯员王传钧）的图片新闻（图 6-7）。

4 要闻　2021年11月12日　星期五

山东出台全国首个综合性节水激励政策文件

9大激励措施推动深度节水控水

山东六溴环十二烷生产线全部拆除完毕

11月底前将实现含六溴环十二烷原料、产品及废物全部清零

后台数据筛到位，服务主动送到门

山东各级部门打通信息壁垒，推动各系统数据跨级跨部门共享应用

济宁港成为省内吞吐量最大内河航运港口

□记　者　吕光社
　通讯员　王传钧　报道

11月11日，记者获悉，今年1至9月份，济宁港完成货物吞吐量3440万吨，同比增长27.2%，一跃成为省内吞吐量最大的内河航运港口。

近年来，济宁市充分挖掘大运河水运优势，组建济宁港航集团，规划建设梁山港区、邹城港区、微山港区等八大港区，提升港口规模效益。

烟台市开展百户企业走访活动，面对面了解企业诉求，加快推动相关项目落地落实

现场办公会开进企业车间

“双11”铁路快件运输迎来发送高峰

丁再献东夷骨刻文书法艺术馆落户沂南

图 6-7

2022 年 3 月 12 日,《中国煤炭报》市场版头条刊发了《梁山港　煤炭吞吐量大幅提升　成本优势凸显》(王传钧)的新闻,并配发了压题大图(图 6-8)。

图 6-8

2022年5月16日,《中国能源报》能源革命版刊发了《梁山港开启精煤集装箱水运模式》(王传钧/图文)的图片新闻(图6-9)。

图6-9

2023 年 10 月 20 日,《市场信息报·煤周刊》第 1 版刊发了《单月突破 190 万吨! 梁山港集疏港量增长势头强劲》(王传钧摄影报道)的图片新闻(图 6-10)。

市场信息报
促进产业升级 展现煤炭新貌
煤周刊
获取更多信息扫描
2023 年 10 月
20
癸卯年九月初六
星期五
市场信息报社出版 国内统一连续出版物号:CN14-0016 / 邮发代号:21-13 今日 8 版

潞安化工古城煤矿
齐心协力打赢安全收尾攻坚战

【详见 10 版】

导读

单月突破 190 万吨!
梁山港集疏港量增长势头强劲

10 月 16 日,笔者从济宁港航梁山港有限公司(简称"梁山港")决战决胜四季度动员大会上获悉,梁山港 9 月份煤炭集疏港量突破了 190 万吨。其中,集港量达到 100.34 万吨,疏港量达到 90.08 万吨,创下该港开通运营以来单月历史最高纪录。

梁山港地处瓦日铁路与京杭大运河交汇处,是京杭运河最北端唯一通航港口,上联晋陕内蒙古,下联江浙沪,辐射长三角、闽三角经济区,通过"瓦日铁路—京杭运河—长江"黄金水道,把产煤基地和经济发达、用煤需求经济区串联起来。9 月份,梁山港继续保持"上控资源、中联物流、开拓市场"的定力,密集开展"敲门行动"和"拓链行动"。该港还推行"双翻(火车双翻卸车)"零影响、机电零影响、煤流零撒煤、零点后强管控、煤炭零浪费的"五零"工作法,强化人员组织,依据来煤情况,合理组织清车人员,突出效率考核,切实提高卸车效率。同时,调度部门每天两次查询列车信息,加强与行车室沟通在途火车信息,确保计划精准,优化仓储货位,合理调配车船,从优从快发运各品类货物。

据悉,梁山港拥有亚洲第一大单体全封闭式储煤棚、万吨列车智能卸车机房、我国首台智能火车清车机、全国内河港口首张"双碳"认证书等多项全国第一。该港荣获过"济宁市文明单位""山东省重点建设项目""山东省先进基层党组织""山东省劳动关系和谐企业""山东省五星级物流企业""山东省园林式单位"、全国"优秀港航场景金融服务商""2023 年度优质煤炭供应链服务商"称号和国家多式联运示范工程等多项荣誉。

王传钧 摄影报道

总 监:韩一凡
副总监:尤伟 李光荣 李明书
投稿邮箱:133062829@qq.com
热线电话:13522239737
合作网站:http://www.cwestc.com

煤海之中的领头雁
——山西晋神能源公司 2022 年度安全标兵杨子文

>>>15 版

图 6-10

2023年5月9日，《中国煤炭》要闻版刊发了《梁山港多措并举提升煤炭集装箱装卸转运效率》（王传钧摄）的图片新闻（图6-11）。

要闻　责任编辑：谢吉东　电话：(010)87986096

中国煤炭报　2023年5月9日　2

建机制给地位，批量造巧匠

——中国平煤神马集团扎实推进煤炭产业工人队伍建设

坚持面向基层 让一线劳动者熠熠生辉

搭建多个平台 激活劳模工匠头雁效应

发挥乘数效应 让先进群体闪耀星空

辽宁局

现场把脉会诊保安全

元宝山露天矿

“三通道”助人才成长

青东煤业公司

靶向管控提煤质

范各庄矿业公司投用F5G全光工业网

监控画面清晰 控制时延降低

今年以来，济宁能源集团梁山港多措并举提升煤炭集装箱装卸转运效率，煤炭吞吐质量提升。图为装卸现场。　王传钧　摄

南屯煤矿：以“智”提质找准发展主攻点

脱下蓝工装换上白衬衣

创新“小”处方收获大成效

图 6-11

2022年9月23日，《企业家日报》第4版刊发了《梁山港集装箱堆场三号区正式亮相》（王传钧摄影报道）的图片新闻（图6-12）。

图6-12

这里需要着重说明的是，我们在投稿时，能配图片的稿件尽量配上图片。这样做，可以让编辑有更多的选择，用图片也行，不用图片也行，有时也可能因为图片出彩而使稿件单独成为图片新闻。

同时，我们也应注意到副刊的重要性。近年来，为了满足读者日益增加的多元文化需求、扩大传播力和影响力，副刊从文学到艺术，再到文化领域，内容涵盖面越来越广、形式越来越灵活，新闻性、丰富性、可读性得到提高。因此，我们可以充分利用副刊的优势、发挥副刊的作用，有针对性地做好诸如评论、散文、诗歌、书法、绘画、摄影作品的写稿、投稿，以及企事业单位相关赛事活动的宣传报道工作。请看《企业家日报》2020年7月27日时评版头条刊发的文章《企业管理中善补位者具备大局意识》：

企业管理中善补位者具备大局意识

王传钧　国企干部

“暴雨过后，储煤棚北侧沉淀池水深已达5米多，为安全起见，防止溺亡事故的发生，请运行工区及时给沉淀池安装上防护围栏和警示牌。”近日，济宁矿业集团物流有限公司一员工在企业微信群里发布了这样一条信息，运行工区负责人随即给予了“马上落实”的简短回复。此举立马引来了一片点赞。

在现代企业管理中，一方面强调安全责任制，做到“四不伤害”；一方面也要注重培养普通员工的安全意识，发现安全隐患及时提醒和处理，保护工友不受伤害。这就像足球运动中的“补位”战术，相互配合、防控失误。毕竟安全生产是一项人人参与、环环相扣的重要工作，任何一个环节出现漏洞，影响的都是大局。

毋庸置疑，好的企业干部员工既要有“扫好自家门前雪”的担当精神，也要有“主动管他人瓦上霜”的补位意识，才有利于化解整个企业潜在的各类安全风险。为什么这么说？

因为企业管理是一个有机整体，任何一环都不可缺失。实现工作接续不掉链、战斗力提高不断档，仅靠制度的“到位”和人员的“站位”还不够，仍需要各个岗位及时、负责地“补位”。关键时刻是否具备补位意识，往往与一个人的大局意识、风险意识和担当精神息息相关。事实充分证明，一个国企中，干部员工补位意识越强，人心越凝聚、“战斗力”越强；相反，空位不补位，缺台不补台，则如同一盘散沙，“战斗力”越弱，长此以往，隐患事故当然会不请自到，且频繁来袭。

尽管事故教训深刻，可在我们身边，仍有一些补位不够的现象时常发生，其原因也不一而足。要么认为事事有分工，责任分主次，“事不关己，高高挂起”，常常将自己置于“真空状态”；要么觉得补位是陪衬，不显山露水，干了不一定有“好处”或不被“重视”，搞“选择性”补位；再有就是因平时准备不足，关键时刻便心中发怵、脚底发虚，“心有余而力不足”，等等。不难看出，补位最大的敌人是自己，“身补”的前提是“心补”，要强化全局安全观念和补位意识，齐心协力打好“安全第一”这场硬仗。

“轻霜冻死单根草，狂风难毁万木林。”树立补位意识，打破心态壁垒是关键。这就需要企业干部员工多一点合作精神，少一点本位主义；多一点换位思考,少一点自私冷漠。既有"扫好自家门前雪"的担当精神,又有"主动管他人瓦上霜"的补位意识,这样才能同心同德、同向同力、群策群力。相反,如果目光短浅,心胸狭窄,仅盯着自己的"一亩三分地",就永远无法领略到协作共赢的"满园春色",更不可能融入真正的"命运共同体"。

新时代,就连部队指挥都已经从单一兵种向联合作战转变、分工也从简单配合向深度融合嬗变了。如果企业干部员工在新时代依然是"穿旧鞋走老路",视野眼界、能力素质狭窄单一,就难以实现"安全发展"无缝对接、补位到位顺畅高效。每名干部员工只有始终紧盯现场安全和市场需求,胸中常怀创新进取意识,实现能力素质与时俱进、换挡升级,真正在精通本职业务、担起应尽职责、干好本职工作的前提下,使自己成为综合素质过硬的"多面手",才能既为一域争光,又为全局添彩,在新时代新征程上开拓进取,有所作为,在为企业做出贡献的同时,实现自己的人生价值和理想抱负。

新时代呼唤新担当,新时代需要新作为。的确,企业就该多一些善补位者。

我还曾经写过书评《给煤矿班组长介绍个良师益友》(《中国煤炭报》发表)、影评《绝处逢生不仅仅靠勇气——根据真实矿难事件改编的灾难影片〈地心营救〉观后感》(《当代矿工》杂志发表)、感悟《贵人,就是你自己》(《亳州晚报》副刊发表)、班组漫谈《班组长,请不要吝啬你的表扬》(《现代班组》杂志发表)、随笔《勤奋是通讯员最好的名片》(《新闻业务参考》杂志发表)、散文《不要再怀疑 伯乐就是你自己》(《中国职工教育》杂志发表)、安全宝典《如何从矿难事故中萃取求生之道系列谈 1～6》(《华矿安全报》发表)、典型经验《这十年,我是如何宣传济宁港航物流产业的?》(《中国水运报》官网发表)、原创解读《通讯大稿是如何一步步成形的?——探究〈干在实处 勇立潮头 梁山港巧绘"一带一路"内河新画卷〉的创作路径》(《老记说事》公众号发表)等,逐步打通了副刊宣传的路径。

同时,拓展宣传的渠道还有在报纸上连载、开设专栏,在电视台做专题报道,在媒体上投放软文广告,召开新闻发布会,开设各类论坛,著书立说等。

此外,利用产品包装或运输物品的外观做流动式广告,也可以发挥很好的宣传作用(图 6-13)。

当下,新媒体的兴盛给搞活宣传带来了越来越多的平台和机会。全媒体时代,企事业单位可通过品牌打造不断提升知名度,利用各种渠道让媒体准确捕捉自己的亮点、优势及特色,从而迎来口碑和影响力的"双丰收"。

图 6-13　“济宁港航”集装箱

在宣传过程中，企事业单位要把“重要的”变成“需要的”、把“有意义的”变成“有意思的”；要站在全局的高度，从社会公众视角去做传播。同时，发挥好“双微一抖”的积极作用，即：在微信公众号上做好客户沉淀，在微博上做好事件宣发，在抖音直播间做好粉丝互动，从而形成矩阵式推广，合理管控舆情，不断积蓄企事业单位的品牌能量和传播价值，将宣传工作做实、搞活。

第四节　负面报道扰,正面回应好

通常情况下,负面报道会给企事业单位造成一定的困扰和影响。对负面报道进行正确处理,可帮助企事业单位渡过难关、维护形象,并有利于下一步工作的开展和持续、健康的发展。

一、正确的应对思路

(一)及时回应

当负面报道爆出时,涉事单位必须快速进行正面回应,否则,负面声音就有可能占据主导地位,对涉事单位造成更大的影响。因此,涉事单位必须迅速制定、实施危机应对预案。

(二)设立专门的危机处理团队

在危机发生时,涉事单位应当设立专门的危机处理团队,负责人员要有相关经验,对舆情危机的处理方法和流程要非常了解。

(三)释放信息

涉事单位应向公众和媒体提供更多的真实信息,这对消除不必要的猜测和传言非常重要。涉事单位要实施多种处理措施,包括发表公开信、发布公告、召开新闻发布会等。

(四)真诚地向公众道歉并做出承诺

涉事单位应该向公众真诚地道歉,并确保不再发生同样的危机,以让公众相信自身处理危机的决心。同时,涉事单位应制订一份恢复信心的工作计划,并向公众透露更多的信息,让公众了解处理危机的具体措施。

二、得当的应对措施

(一)及时公开信息

在危机处理过程中,要采取积极公开信息的策略,及时发布危机背景、危机现状、危机处理方案等各类信息。这样做,可以表明涉事单位处理危机的积极态度,以及对公众、媒体负责和诚信的态度。在公开信息时,一定要保证信息的真实性、客观性和准确性。

（二）控制话语权

当舆情危机发生时，媒体会第一时间跟进报道。为了避免危机失控，涉事单位要采取控制话语权的措施，例如派专人负责对接媒体、与媒体进行有效的沟通和协商，加强对媒体的引导等。

（三）加强社交媒体运营

社交媒体是非常重要的媒体平台，也是非常重要的信息传播渠道，而负面信息的传播也常常是从社交媒体开始。因此，当涉事单位处理危机时，要加强社交媒体的管理，及时回复网友的留言，解答网友的疑问，同时也要提前做好危机预警，确保负面信息不会在社交媒体上恶意扩散。

（四）与公众建立联络机制

涉事单位面对负面舆情危机时，可以采用建立联络机制的方式，与公众建立联络。通过与公众建立联络，决策者可以及时得到公众的反馈，了解公众的意见和想法，寻求公众的支持，甚至与公众进行紧密的合作，从而成功化解舆情危机。

三、精准回应舆论关切更易化解舆情危机

回应舆论关切，是指舆情事件发生后，涉事单位在发布官方通报或回应舆论时，需准确把握舆论关注的焦点、事件的痛点，精准地对公众关心的问题进行回应。这样做，不仅可以消除群众对相关部门的质疑，同时可以提高涉事单位的公信力。

（一）回应不能流于形式，否则会引发次生舆情

准确把握舆论关注的焦点、事件的痛点，对公众关心的问题进行精准回应，是考验涉事单位舆情应对能力的重要因素。在舆情处理过程中，如果涉事单位对舆论关切的焦点认识不够、把握不准，在回应时未能抓住核心与重点，回应流于形式，会引发次生舆情。

（二）回应舆论，最重要的是坦诚的态度

舆情事件发生后，涉事单位保持坦诚的态度是顺利处理舆情危机的前提。面对各方观点和媒体的追问，涉事单位保持坦诚的态度，能够与公众形成良性互动，对于疏解舆论情绪、缓解紧张氛围具有良好的效果。尤其是在面对媒体采访时，涉事单位切不可回避和敷衍，应当以坦诚的态度阐述阶段性调查结果，并表达积极处理危机的决心。

（三）加强监测，挖掘焦点、痛点

随着移动互联网的发展，网民在微博、微信、知乎、抖音等各种网络平台上，可以随意发表观点。因此，舆情事件发生后，涉事单位应广泛了解各个平台的舆论观点，将各种观点进行整合和分级（如：可分为迫切想要知晓的信息、非迫切但关键的信息、潜在的谣言等）。经过对各种观点进行梳理、归纳，涉事单位可以对回应做好充分准备，从而更加精准地通报事实、消除质疑、化解危机。

四、建立完善的舆情管理机制

企事业单位应合理规划人力、物力等资源，建立专业的舆情管理团队，建立、健全舆情管理机制，从而及时发布真实、有效的信息，加强与公众的沟通，实现对舆情的全面、及时、准确的监测和反馈。要做好舆情管理，企事业单位应在高质量信息发布、舆情预测与危机应对等方面发挥有效作用。

山东济宁能源发展集团的舆情管控工作是值得肯定的。该集团不但完善了《中共济宁能源发展集团有限公司委员会意识形态工作责任制实施细则》《济宁能源发展集团安全生产约谈办法》《济宁能源发展集团关于建立职工思想动态信息卡制度的通知》等文件制度，而且专门成立了济宁能源发展集团融媒体中心。

2023 年 3 月 24 日，济宁能源发展集团融媒体中心暨学习强国济宁学习平台原创生产基地正式揭牌成立，标志着济宁能源发展集团新闻宣传工作迈向“融合发展、全媒传播”的全新时代。济宁能源发展集团通过打造融媒矩阵，助推企业品牌提升和高质量发展。济宁能源发展集团融媒体中心是山东省首个地市级企业融媒体中心，构建了“8＋N”的融媒矩阵，初步起到“内聚人心，外树形象”的宣传作用。融媒矩阵平台化运营新模式，能更好地实现主流媒体优质内容和技术资源的共融共享，真正做到“融媒有温度，思考有深度，传播有广度”。“济宁能源作为市属骨干国有企业，产业规模庞大，发展势头迅猛。济宁能源融媒体中心的成立，不仅能够为企业发展提供强力的舆论支撑，还可以助力全市对外宣传工作再上新台阶。”济宁市委宣传部副部长、市新闻办主任王磊说。“成立融媒体中心既是适应新时代融媒传播的需要，也是济宁能源构建新发展格局的重要举措。”济宁能源发展集团党委书记、董事长张广宇表示，融媒体中心的成立，可以助力济宁能源发展集团实现“通江达海、联通世界”的目标，链接更多贸易伙伴和合作客户，在更大范围内叫响“济宁能源”和“济宁港航”品牌。

作为中国500强企业,济宁能源发展集团在日常工作中主动对企业进行宣传,积极与媒体搞好关系。一旦出现涉及自身的负面报道,他们就调动以"融媒体中心"为主的舆情处置团队协调多方关系,与公众和媒体进行有效沟通,加强对媒体的合理引导,并通过媒体正面、快速做出回应,切实保障公众信息需求,在增强公众认同感的同时,维护好企业形象,提升品牌影响力。今后,济宁能源融媒体中心会与时俱进搞活宣传工作,坚持守正创新,凝聚发展共识,让正能量产生大流量,让好声音成为最强音,为企业高质量发展赋能续航。